美丽中国

宜居的城市

编　写◎张俊红

新疆美术摄影出版社
新疆电子音像出版社

图书在版编目(CIP)数据

宜居的城市 / 于文胜主编. -- 乌鲁木齐 : 新疆美术摄影出版社 : 新疆电子音像出版社, 2013.7
(美丽中国)
ISBN 978-7-5469-4201-8

Ⅰ. ①宜… Ⅱ. ①于… Ⅲ. ①城市环境 – 生态环境建设 – 介绍 – 中国 Ⅳ. ①X321.2

中国版本图书馆 CIP 数据核字(2013)第 168381 号

美丽中国·宜居的城市

主　　编	于文胜
编　　写	张俊红
责任编辑	徐　静
制　　作	乌鲁木齐标杆集印务有限公司
出版发行	新疆美术摄影出版社
	新疆电子音像出版社
地　　址	乌鲁木齐市经济技术开发区科技园路 5 号
邮　　编	830011
印　　刷	北京新华印刷有限公司
开　　本	787 mm × 1 092 mm　　1/16
印　　张	9.75
字　　数	130 千字
版　　次	2013 年 9 月第 1 版
印　　次	2013 年 9 月第 1 次印刷
书　　号	ISBN 978-7-5469-4201-8
定　　价	26.80 元

目 录

第一章　文化丰富厚重城市

北京：文化古都，魅力非凡

北京是中国的首都，也是一座著名的历史文化名城，作为历史上辽、金、元、明、清朝的京都，北京皇城地位至尊。近代以来，这里发生了很多重大历史事件，让世界关注。北京被认为是中国和中国文化的象征，中华文明的博大与厚重，都可以在这里感受到。即使在今天全球化、多元化浪潮的冲击下，北京仍是中华文化的中坚代表，其悠久的历史文化气息一直延续，彰显着古老文明的非凡魅力。

北京的历史开始于西周初年，叫做蓟。后为燕国的国都，秦代设北京为蓟县，西汉时为广阳国首府，东汉王朝在今北京西南角，又建了一座新城，叫“燕”，三国时改名“幽州”。后来，辽在北京地区建立了陪都。1153 年，金朝正式建都于北京，称为中都，又过了一百多年，元世祖忽必烈统一全国，将北京设为全国的首都，称为元大都。明朝燕王朱棣夺得皇位后，于永乐元年改北平为北京，现在的北京也从此得名。至此，北京这个“草根”就已“飞上了枝头”，至 2013 年北京的建都史已长达 860 年。

但北京是个太过平常的地名了，即使从未与北京谋面的人也能从长城侃到故宫侃到圆明园，絮絮叨叨地说起北京烤鸭、说起蕴藏在它地表下那段漫长的历史，一天一夜也不见得说得尽，道得完。但这无疑会是片面和抽象的，真正走进这座老城那才真正目不暇接，才真正知道所了解的只有那么几片砖瓦而已。

北京的历史多数都带着皇家的影子，荣誉和灾难都来自高高在上的天子和贵族，而北京就是这么在历史洪流中激流勇进，打击、磨难、净化都相继发生，北京这个贵族洗净了身上的封建与腐朽，不再只是皇家之城。自 1949 年，天安门城楼上传出那么一个自由的声音，随即，北京就立刻风风火火地成了人民的城市。

北京是世界上拥有文化遗产最多的城市，六处世界文化遗产分别为故宫、长城、周口店北京人遗址、天坛、颐和园和明十三陵。

现在人们经常说起的这个北京印象里住着的通常不是明朝人便是清朝人，这大概是因为太过于著名的紫禁城的缘故吧。紫禁城开始由朱棣营造，于 1420 年落成。依照中国古代星象学说，紫微垣（即北极星）位于

▲天坛

中天，乃天帝所居，天人对应，所以皇帝的居所又称紫禁城。经过明清两代不断改建、添建，使紫禁城最终形成今日之建筑规模。紫禁城现称为故宫，意为过去的皇宫。故宫是中国几千年宫殿建筑的集大成者，其中沉淀了中国深厚而独特的审美情趣与博大的文化知识。在中国，甚至世界文化中都是一颗价值与时间成正比的璀璨明珠。

长城在古代是各国为了捍卫统治政权的产物，我国北方长城的修建，开始于秦、赵、燕三国。战国时期，随着各国之间政治、经济文化的不断交流，统一成了趋势，各国之间的兼并战争不断，谋求武力统一。而同时，内蒙古地区的诸少数民族强大起来，不断骚扰秦、燕、赵三国边境。这些少数民族长于野战，来去飘忽不定，难以捉摸，显示出很强的战斗力，这不仅使三国人民的生命和财产受到很大的威胁而且影响到统一大业，于是在这种形势之下长城便建成了。长城连续修筑时间之长，工程量之大，施工之艰巨，历史文化内涵之丰富，的确是世界其他古代工程所难以相比的。孙中山先生评论长城时说：“中国最有名之工程者，万里长城也……工程之大，古无其匹，为世界独一之奇观。”美国前总统尼克松在参观了长城后说：“只有一个伟大的民族，才能造得出这样一座伟大的长城。”

周口店北京人遗址是世界上材料最丰富、最系统、最有价值的旧石器时代早期的人类遗址。1921 年至 1927 年，考古学家先后三次在“北京人”洞穴遗址外发现三枚人类牙齿化石，1929 年，又发现了北京人头盖骨化石，以及人工制作的工具和用火遗迹，这些发现遂成为震惊世界的重大考古发现。

王屋山主峰天坛山，是中华民族祖先轩辕黄帝设坛祭天之所。自黄帝始，历代皇帝来此祭天，直到明成祖朱棣碍于交通不便，就在北京地球同一轴线上建起了天坛祭天。天坛严谨的建筑布局，奇特的建筑结构，瑰丽的建筑装饰，被认为是我国现存的一组最精致、最美丽的古建筑群。

颐和园是中国现存最大、保存最完整的皇家园林，是中国四大名园（其他三园是承德避暑山庄、苏州拙政园、苏州留园）之一，也被誉为皇家园林博物馆。颐和园原名清漪园，始建于1750年，1860年的第二次鸦片战争中，清漪园被英法联军烧毁。1886年，清政府挪用海军军费等款项重修，并于两年后改名颐和园，作为慈禧太后晚年的颐养之地。1898年，光绪帝曾在颐和园仁寿殿接见维新思想家康有为，询问变法事宜，变法失败后，光绪帝被长期幽禁在园中的玉澜堂。1900年，八国联军侵入北京，颐和园再遭洗劫，1902年清政府又予重修。在近代历史中，颐和园不仅是一座美丽的园林，而且它默默地贮存历史，把那些屈辱和疼痛刻在砖墙上。颐和园的兴盛与颓败也上演着清朝的鼎盛与衰退。游览颐和园，看的不仅是皇家的庄严，建筑之美之精，还能体味出那个充满了血腥和侵略的年代。

明十三陵是中国明朝皇帝的墓葬群。这里自1409年开始，其后230年内，先后修建了十三座皇帝陵墓（十三陵名称的由来）、七座妃子墓、一座太监墓。明末清初著名学者顾炎武曾写诗描述这里的优胜形势："群山自南来，势若蛟龙翔；东趾踞卢龙，西脊驰太行；后尻坐黄花（指黄花镇），前面临神京；中有万年宅，名曰康家庄；可容百万人，豁然开明堂。"这一优美的自然景观被封建统治者视为风水宝地。

一个城市的气质就好比一个家族底蕴的沉淀，不论世事如何改变，这个城市的某种特质是不会变更的，而北京的特点就是沿袭了历代皇都的大气、豪迈。在改革开放的今天，它就以一个崭新而欣欣向荣的面貌出现在世界面前，一如既往地代表着整个中国的形象，代表着现在这个正迅速崛起的东方大国。

北京的神奇之处在于雄伟的遗迹和浑厚的文化相呼应，带来典型的中国味道，又深刻地影响着今天的生活。大家熟悉的天安门广场就是这样的，它是首都最大的城市中心广场，也是新中国的象征。中国的孩子从小就会唱《我爱北京天安门》这首歌，游客到了北京，在天安门前留个影往往是最好的纪念。这个地方跟中国的历史紧密联系，在政治生活中具有无可替代的作用。从这里发出的任何一个讯息，都有可能马上引起世界范围的关注。天安门的位置特殊，处于北京南北中轴线的正中，是古代皇城的正门，数代王朝都在这里举办国家大典。1959 年广场改造扩建并向群众开放，过去专属帝王的皇家禁区，成为向所有人开放的城市广场。现在，每天清晨都会在这里举行庄严的升国旗仪式，这是首都一项极有特色的爱国主义文化活动。

作为明清两代的京都，北京有着浓郁的中国风格，同时也有着包容四方的大气。它与生俱来的贵族气质和京派十足的平民文化是和谐共存的。这里不仅有红墙碧瓦、宫阙楼台，也有古老的城市小巷和传统的院落生活，其中四合院和胡同被认为是真正的京味文化所在。在北京紫禁城周围，有着几千条胡同，大部分形成于中国历史上的元、明、清三个朝代。它们是了解北京传统文化和风土人情的绝好去处，漫步其中，从墙根儿到公园，市井文化热闹非凡。从国粹到时尚，从典故到政局，普通市民张口就能滔滔不绝，他们的审美情趣和谈吐气质，跟北京一样充满大气和从容，让人不由自主地想亲近。精英知识分子喜欢汇聚到北京，北京的文化传统吸引着他们迅速融入其中，北京新鲜的政治文化资讯又让他们感觉如鱼得水，由此，这里聚集了中国最优秀的高等学府和学术人才。

2010 年北京跻身全球大城市第 15 位。北京是入选全球前十名的国际会议城市。北京是“博物馆之都”，注册博物馆多达 151 座，列世界第二（仅次于伦敦）。北京是世界十五大购物之都之一。北京于 2008 年，成功举办了第二十九届奥林匹克运动会。

今天的北京正在呈现两种不同的面孔：一方面是传统的古都，另一方面是蓬勃发展的现代都市。自成功获得 2008 年夏季奥林匹克运动会的主办权之后，北京更是加快了城市建设的速度。奥运会的主体育场——国家体育场“鸟巢”建筑，成为国际上独一无二的设计，充满了现代时尚的气息。然而北京城的古典巍峨并没有受到这些钢筋水泥建筑的影响。北京就像一个浩瀚的大海，具有强大的兼容能力。面对摩登和时尚、国际和现代的不断冲击，北京一概不排斥，而是在传统文化的基础上吸纳并蓄，这让北京依然保持高贵和神秘的中华特色，并且变得更加博大雄浑。

值得一提的是，北京是世界第八大“美食之城”。北京的风味小吃历史悠久、品种繁多、用料讲究、制作精细，堪称有口皆碑。清代《都门竹枝词》云：“三大钱儿买好花，切糕鬼腿闹喳喳，清晨一碗甜浆粥，才吃茶汤又面茶；凉果炸糕甜耳朵，吊炉烧饼艾窝窝，叉子火烧刚卖得，又听硬面叫饽饽；烧卖馄饨列满盘，新添挂粉好汤圆……”可见吃在北京文化里是门深厚的学问。京味小吃的代表有豆汁儿、豆面酥糖、酸梅汤、茶汤、小窝头、茯苓夹饼、果脯蜜饯、冰糖葫芦、艾窝窝、豌豆黄、驴打滚、灌肠、爆肚、炒肝等，其博大精深、美味可口也非只言片语所能说明。

上海：东西交汇，兴旺发达

上海在开埠之前是个含蓄而羞涩的姑娘，兴旺发达之后她变得风情万种。大上海里穿流着浩浩荡荡的人群，不断上演着沉沉浮浮、繁荣或衰败的故事。那些渴望荣华与富贵的人们将上海塑造成了一个物质欲望蓬蓬勃勃的城市，也正是这些带着黯淡色彩的欲望成就了十里洋场，托起了这个五光十色的地方。上海最具价值的历史是近现代人雕刻在它身上的花纹，丑陋也好，美丽也好，这些别致的曲线不可否认是中国近现代史的一个缩影。

上海是中国乃至远东首屈一指的现代化大都市，在这个开埠 160 多年的城市里，不仅有传统的工业，发展极快的信息产业、电子和航天科技，还有与世界接轨的金融业。越来越多的外国投资者，用他们的实际行动，表明了他们对上海的认同和偏爱。全球 500 强企业中，超过一半选择了在上海投资。2005 年底，伦敦金融城的一篇报道提到了经济飞速发展的中国上海，说这个城市在未来的岁月中，有可能成为继伦敦、纽约之后的全球第三大国际金融中心。此时，全球十几家国际品牌的酒店已经进驻上海，中国央行上海总部已经设立，中国的货币、证券、黄金、期货、外汇五大金融交易市场也都落户上海。有人因而把上海称作中国的“经济首都”。

矗立着几十幢欧洲风格建筑的外滩，是黄浦江畔标志性的景观，被称为“万国建筑博览会”。上个世纪 20 年代的时候，西方列强在中国掠夺财产的同时，也为上海留下了“从苏伊士运河到远东的白令海峡之间最讲究的建筑”。这些大厦有哥特式、巴洛克式、罗马式、中西合璧式等，在建筑设计上追随西方文明的建筑群，又跟现代气息有惊人的吻合。天然的地标优势，让这黄浦江畔的建筑群，成了中国顶级的时尚商业区，吸引着数

▲上海黄浦江景

以万计的国内外游客和都市白领，感受上海东西交汇的特色和情调。

上海的石库门房子，是一种很有特色的中国南方建筑样式，现在还有很多上海市民住在里面。石库门房子是在上海开埠之初建立的，当时由于战乱，许多内地的有钱人躲进了租界。为了便于管理，租界在指定的地块上兴建了大批集体住宅。这些住房为立帖式结构，像兵营一样联立成行，并由行列组成网络，一排连着一排，中间形成弄堂（通道），人可以在弄堂里面自如穿行。石库门保持了中国传统民居即四合院的建筑模式，前有小门厅，中有小院子、东西两厢房，门口则是用条石砌成的门框，有两扇乌漆大门。门上方简洁的图案，却具有欧洲古建筑装饰的风格。

石库门是昔日大上海社会的一个缩影，也是今天上海国际化的见证。位于淮海中路南侧的上海新天地，就是由石库门建筑发展而来的最具代表性的时尚地段。这里的建筑群保留了当年的砖墙、屋瓦、石库门，但是走进每座建筑的内部，各类时装店、主题餐厅、咖啡酒吧等让人眼花缭乱，它们追随着国际潮流，洋溢着中西混杂的风情。成龙等港台明星经营的东魅娱乐中心，更是流行文化的发源地，这里经常会看到熟悉的明星身影。它对面的西餐厅二楼，每晚 8 点就开始上演充满异域风情的舞蹈和幽默马戏，连绵不断的笑声，总能引来楼下的路人驻足倾听。相比之下，已故艺术大师陈逸飞设在新天地的“逸飞之家”相对静谧，楼上楼下充满了传统文化的纯粹和流行元素的耀眼，吸引着衣着时尚的年轻人不断前来。到了午夜，新天地的生活似乎才真正开始，人越聚越多，摩肩接踵。临街的星巴克咖啡，挤满了各种肤色的人群，橘黄色的灯光里，人们一边搅动咖啡，一边轻声细语地交谈，神态很是悠闲。

国际化的上海也是文化艺术人才荟萃的地方。对于旅居中国的西方人而言，上海是最让他们感到亲切的中国城市，因为上海一年四季文化交流和演艺盛事不断，国际顶尖的音乐、文化和体育赛事经常选择在上海举行。视野之内，众多世界一流的展览和艺术盛宴随时上演。无论是潮流还是资讯，上海都是跟世界同步的，旅居上海的人，不会产生文化交流上的陌生感。五方杂处、中西交融的上海，散发着独特的气质，它极具现代化又不失中国传统特色，吸引着全球范围内越来越多关注的眼光。

广州：岭南风情，经济活跃

广州不是单一的能被一个简单的词语就形容的城市，广州的经历很曲折，也兴旺，也苦难，它的发达是少有城市能与其比肩的，它的痛苦也惨不忍睹。但可以肯定的是，广州是个辛苦而努力的城市，它从不甘于平庸，它相信自己定会出人头地，事实也确实如此。

广州地处珠江三角洲腹地，与香港、澳门毗邻，是中国南方海陆交通枢纽和对外交往的门户，也是中国最早的沿海开放城市，以中国的“南大门”著称。作为珠三角的旗舰城市，生长在岭南风情中的广州，已经站在现代化的门槛上。从改革开放，到如今成为发达城市，广州充满了让人惊讶的活力。在短短十几年时间里，广州不仅创造了本身的繁荣奇迹，还带动了整个珠江三角洲经济的腾飞，使这片土地变成了整个中国城市化程度最高的地区。经济上的活跃，带来了大量的就业机会，广州也成为“淘金者”们趋之若鹜的城市。

经济发达的广州，似乎总是在不停地运转当中，无论白天还是夜晚，大街上都充满热闹和喧嚣。入夜，精品店里和步行街上仍人头攒动，各类大小饭馆灯火辉煌。广州人旺盛的精力让这个城市生动而鲜活。在广州人的身上，似乎充满创造经济价值的无穷动力。他们最早感受到近在咫尺的

▲珠江风景

港澳的繁荣，并利用地理优势，与港澳保持着经济文化上的沟通，随着改革的深化，他们也走上了发达和繁荣之路，成为先富起来的城市，并且始终保持着领先的势头。坚实经济后盾的支撑，使广州的一举一动都受到追捧和仿效，从体恤衫、牛仔裤的时髦，到粤语和粤语歌曲的流行，每一件带着广州文化烙印的商品，都折射出这个城市强大的经济活力。

因为地理位置的缘故，在中国城市发展史上，广州一直得风气之先，实施着特殊的经济政策，走着与内地城市完全不同的发展道路。广州重视商业和商业性的农业、手工业，并且海外贸易频繁。明清两代，广州依托通商口岸的优势发展外向型农业和手工业，使商品经济和海洋经济得到长足发展；海洋经济带来的商业气息，又给广州和整个岭南地区注入了不可低估的经济活力，这种活力刺激着更多的阶层加入商业大军。上个世纪80年代中期，各种新潮服装和小商品从广州的大小市场走向中国各地，创造了影响全中国的消费时尚。到了今天，这种商品交易活力依旧。在国内外享有很高声誉的广州商品交易会，已经成为国内举办的规模最大的商品交易会。在每届交易会上，都有全世界五大洲的200多个国家和地区的数十万采购商参加。以广州为龙头的珠江三角洲，是国际资本和技术关注的重点区域，其非凡的活力和创造力，吸引着越来越多人才的加入。

想融入这里的人得适应这个城市的特性和节奏。广州人只管做事，不停地寻找着更多的机会。很多人下了班会再去做另外一份工作。在广州的商品生产和商业活动中，这种积极向上成就了广州的繁荣，也成为广州保持活力的秘诀。当然，广州人也是重视生活的，吃是广州人生活中特别讲究的一个内容。如今正普及中国的粤式早茶，就是发源于广州的。在广州人看来，早上慢悠悠地起来，走进餐厅，品尝精美的食物和汤水，是一种生活的乐趣和享受。如今中国国内其他城市也出现了粤式早茶，其背后则是对广州生活文化的认同。

广州自古以来就草丰林美，多飞禽走兽，还出产丰富的咸淡水产和两栖类动物，历史上就是中国饮食资源最丰富的地区之一。随后外地商人的大量涌入，又促使这里形成了独具特色的饮食文化。广州的酒店餐馆的创新能力也十分了得，它们不断发掘新的原材料、新的搭配，创制新的菜式。广州人爱吃，也敢吃，天上飞的、地上跑的、水中游的，几乎没有他们不敢吃的。饮食文化其实已经渗入广州人的骨子里，折射出一种无所顾虑的精神，体现到经营上就是：他们认准的事情，会毫不犹豫地放手去做。

天津：中西合璧，古今兼容

“近代百年看天津”，天津并不只有狗不理和大麻花，相声快板儿声里的这座城其实经历过许多的风雨。600 余年的沧海桑田，特别是近代百年造就了天津中西合璧、古今兼容的独特风貌。

这是一座美丽的城市，但它的美丽绝不是浅薄的表面，而是饱经沧桑之后充满阅历的知性美，有时候地地道道的天津人随口来的一句顺口溜，都能让人在捧腹之余沉思良久。天津的美，是时光沉淀下来的睿智之美。

一直以来，天津都不是一个张扬的城市。然而，它却是可以和首都北京相提并论的。它西邻北京，是中国北方最大的沿海开放城市。近代史上，天津见证了中国轻工业的繁荣和发展。即便是今天，它也是头顶“中国四大中央直辖城市”和“环渤海地区经济中心”等荣耀的。

天津是海河五大支流的汇合处和入海口。明成祖朱棣在他登基做皇帝的第二年（1404），把这里作为军事建置命名天津卫，此后筑城，逐渐形成中国北方最大的金融商贸中心、贸易活跃的商品集散地和充满活力的国

▲天津望海楼

际港口城市。

天津是一个经历过多元文化浸润的城市，近代历史上的风云变幻，给这个城市留下了别具特色的遗存。最有代表性的就是矗立在城区的各色建筑，其中既有雕梁画栋的中国古建筑，又有数百栋新颖别致的西洋建筑，它们承袭着历史的痕迹，也给天津带来了荣耀。在五大道地区，集中了很多风格各异的欧式小洋楼，还有一些中西合璧的公馆，景色迷人。另外，蓟县保存的中国最古老的木结构高层楼阁建筑独乐寺，和地处海河南岸大沽口的天主教堂望海楼，无论是建筑还是装饰，都是建筑史上的奇迹。如此众多的民族古建筑和西洋建筑在同一个城市交相辉映，这在中国乃至世界城市中都是少见的。天津的历史记忆，就在这些珍贵的历史遗迹和各色建筑中得以留存。

得风物厚泽的天津，在岁月间倾露的民俗风情也是诱人的。中国最早的收音机节目里，总是流淌着天津曲艺的美好韵味。有板有眼的京韵大鼓、诙谐幽默的相声等，给亿万民众带来了欢乐。已故相声艺术大师马三立、马季等，都是从天津走出的平民化表演艺术家的代表，他们在中国有着很高的知名度。今天活跃在中国艺坛的明星，还有不少是从天津的茶馆里走出去的。由于深受艺术之风熏陶，天津茶馆里的服务也充满了表演的魅力。比如那独特的冲茶汤技艺，足以和杂技媲美。半米高的龙嘴大铜壶，里面装满滚开的水。侍者一手执碗，一手扶壶柄，在碗口和壶口距离五六十厘米的地方，准确地将水注入碗中，水不洒不溢，动作干净利落。

至于那闻名中外的杨柳青年画、泥人张彩塑，更是年复一年地传递出民间文化的生动典雅。杨柳青年画是木版印绘结合的制品，因在天津市西南杨柳青镇生产而得名，如今已有400年的历史。其取材内容包括历史故事、神话传奇、戏曲人物、世俗风情以及山水花鸟等，与普通民众的生活密切相关，体现了天津的平民特色。天津泥人是充满趣味的民间艺术，在清代乾隆、嘉庆年间就已享有很高声誉，泥人形态逼真，装饰以色彩、道具，十分生动有趣。

重庆：四面环山，江水回绕

每当夜色降临，华灯初上，万家灯火高低辉映，如漫天星辰洒落，如果此时从长江或嘉陵江乘船经过重庆，你会惊奇地发现，这座在水的摇篮里诞生的城市，却偏具烈火一样熊熊燃烧的激情，水与火巧妙地融合，拥抱在一起。

重庆，就像一艘庞大的帆船，在波涛的簇拥中，满载一城故事，一城灯火，在灯影里摇曳，在星光里高歌，向你诉说着古老的巴渝文化。

在中国的地理版图上，重庆是比较独特的一个点。它坐落于长江和嘉陵江的交汇处，四面环山，江水回绕，是一个从码头繁衍出来的城市。整个重庆城是依山傍水构筑的，楼房重叠错落，有的跟山头齐平，有的路在楼顶上方，山和城市融合到了一起。市区内道路陡峭，坡度很大，所以修建的时候不得不上下迂回。主要干线依着山脊线蜿蜒曲折，支线则多分处于两侧坡地上。听老年人说，上世纪70年代，重庆是把电缆车作为交通工具，用电缆带动车身在陡坡处向上或向下缓行，像电梯一样。这种交通工具十分适应山城的地形特点，不过现在完全被市内公交车以及新兴的轻轨

▲重庆江景

替代了。

重庆以山城扬名，也以江城著称。境内江河纵横，长江干流自西向东横贯全境，流程长达665千米，嘉陵江自西北而来，汇入长江。近年来重庆提出了“第一江城”的概念，修建了多条滨江大道，它们成为继火锅、“红岩”之后重庆的新名片。比如繁华的南滨风情路，这里有全国唯一的僧尼合一的慈云寺、法国水师兵营、老街、太古洋行等景观，未来将成为城市的最高点。还有北滨大道，是一条商业休闲和观光旅游的大道，那里的灯饰布局充满诗情画意。这两条滨江大道，展现了当代重庆人的生活休闲方式。一个从码头繁衍出来、被大江大河孕育的山城，在生活方式上重新归依江岸，是不是一种追求跨越的心理？不管如何，重庆还是如愿以偿。2006年5月，在宜昌、武汉、哈尔滨、南京等全国十多个城市争夺的情况下，“第一江城”名头花落重庆。重庆，这座中国最年轻的直辖市，把山、水、城完美地结合，形成了独特的城市格局和景观风貌。

因为地形特殊，潮湿的空气长期处于饱和状态，重庆市区内很容易就大雾笼罩。气象部门专门作过统计，重庆全年平均雾日是104天，这个数字比“世界雾都”英国伦敦多出10天，比“远东雾都”日本东京多了49天。这样看来，重庆雾日之多不仅是全国之冠，就是世界著名的国际雾都也望尘莫及。每当山城起大雾之日，楼宇、树木、山顶等都被浓雾笼罩，遮天蔽日的，人在对面十米处彼此都看不见。市区内的汽车不得不开着大灯，一点一点地往前移动。两条江中的轮船也乖乖地停泊在渡口，不再移动半分。山城的雾在很长的时间以来，影响了城市的交通出行，但偶尔路过这个城市的游客，若碰巧遇到大雾，会觉得在这个城市生活别有情趣。雾中有城，城中有雾，人车都在雾海当中，四周白茫茫一片，感觉像到了仙境。

最初进入这个城市的人，最想欣赏的，应该是重庆的夜景。欣赏重庆夜景的最好地点之一就是重庆旧城区的枇杷山公园。这个公园在渝中区的枇杷山上，海拔345米，山上还有一个亭子，叫红星亭，是制高点。人站到上面放眼俯视，东西北三面尽收眼底。万家灯火连成一片，像一片花火的海洋。脚下奔腾的长江和嘉陵江中，也有灯火点缀，气派的嘉陵江大桥上两边的路灯，清晰地倒映在水中，看起来像天空中的繁星，十分耀眼。

寂静的夜里，偶尔还会从朝天门码头传来响亮的船笛。朝天门就在重庆城东北长江、嘉陵江交汇处，两条江水，一条碧绿，一条褐黄，交汇处清浊分明，像野马的鬃毛一样，声势浩荡，十分壮观。江水纠缠着远去之后，奔泻千里，直通三峡，成为长江上的“黄金水段”。

从这里，顺流而下，则走入更广阔的长江。到了重庆奉节白帝城，就到了长江三峡的起点。

西安：历史悠久，饱经沧桑

在黄河流域的关中平原，卧着一座历史悠久、饱经沧桑的古城——西安。

西安古称长安、京兆，是举世闻名的世界四大文明古都之一，居中国四大古都之首，是中国历史上建都朝代最多，影响力最大的都城。是中华文明的发扬地、中华民族的摇篮、中华文化的杰出代表。“天然历史博物馆”是它当之无愧的称谓。提到西安，总会给人一种厚重的联想，不仅因为它的历史悠久，更因为这千年岁月使西安拥有了深厚的文化底蕴，这一切都构成了西安独具特色的城市性格。

西安被认为是中国古都当中的长者。它是中国历史上建都时间最长，也是第一个人口超过百万的国际大都市。秦朝时期，中国从这个古都走向了统一，一个强国在世界的东方崛起。此后千年，西安又成就了强大的汉王朝和繁华的唐王朝。

作为帝国的政治经济中心，西安所聚集的文化有着巨大的民族魅力，无论是古老的丝绸之路，还是大气恢弘的黄帝陵，都是中华文明不可缺少的元素。秦始皇兵马俑、古城墙的传奇更是让西安享誉世界。西安有全国重点文物保护单位 23 处，古遗址、古陵墓 4000 多座，古城墙和宫殿建筑跨越多个朝代，被当作中国古代社会的“天然历史博物馆”。西安的旅游收入，仅次于北京、上海和广州，并且以海外旅游收入为主，这证明了古都对异国旅行者的吸引力是如何强烈。在国外游客眼里，这里的一切都是中国文化的精粹，散发着古老的东方魅力，它们所蕴涵的厚重和古朴，浓得化不开。

秦始皇兵马俑，几乎就是西安的代名词。它自 1974 年首次发掘，就震惊世界，被誉为“世界第八大奇迹”和“20 世纪考古史上最伟大发现之一”，并被联合国教科文组织列入世界文化遗产名录。秦始皇兵马俑距离

▲秦始皇兵马俑

西安50千米，目前先后向游客开放了三个俑坑，其中最大的是一号坑。这个俑坑已出土陶兵、陶马、陶车1000多件。陶俑身高1.7至2米不等，造型逼真，装束和神态各不相同，没有两个是一样的，似乎每个陶俑都有一个模特儿原型，工艺的精湛令人难以置信。此外，秦俑坑中还有上万件青铜兵器，出土时光亮如新，丝毫没有锈迹。据分析，这是由于在其制作过程中进行了防腐抗锈处理，而这种工艺是于1937年和1950年才分别在德国和美国申请专利的。中国西安在2000多年前的秦始皇时代就有了类似的工艺，可谓世界冶金史上的奇迹。

西安丰富的文物，让当今的人们见证了昔日帝国的强大，那些最初被古老历史吸引来到西安的人，到了这里之后会发现，古城的生活气息也非常浓郁。

古城西安是一座饮食文化名城，几乎每一种特色食品，都是传统配方和现代工艺相结合的产物。比如西安的鸡翅、奶汤国子鱼等传统名菜，就是从1000多年前的唐代宫廷传出的。而这里的牛、羊肉泡馍等民间小吃，更是风靡大江南北。美味的食物和沧桑的历史融合在一起，成为古城西安的文化象征。

有着高高牌楼的广济街，历史悠久。在古代，外国的使节和来长安做生意的商家，都喜欢聚居在这里。街上开满了大大小小的饮食店铺，游客可以在品尝鲜美的食物之余，借机体验一下西安淳朴的民俗风情。

沧桑厚重的千年古都，收藏着许多有代表性的文化标签。比如西安古城墙，它是西安重要的历史遗迹，展现了昔日的古城风貌。它至今已有1400多年历史，由明太祖朱元璋在隋、唐皇城的遗址基础上耗时八年扩建而成，是中国现存规模最大、保存最完整的古代城池建筑。古城墙包括护城河、吊桥、闸楼、箭楼、正楼、角楼、敌楼、女儿墙、垛口等一系列军事设施，呈“井”字形布局，构成了完整严密的城防体系。经过千年岁月的侵蚀和炮火的破坏，古城墙仍完整地保存，不能不说是历史遗留给西安的奇迹。古城墙的存在，让西安的古朴和厚重更为具体而真实，也更加容易感受。对西安人来说，城墙既是建筑文物，也是人们生活中必不可少的设施——城墙现有的18个城门，是所有人出入繁华市区的必经之路。无论是游客还是市民，每天路过这里，都能感受到历史的气息和文化的悠远。

南京：六朝古都，十代都会

“六朝古都”、“十代都会”，这对南京而言自然是很荣耀的，但在南京建都的朝代都是些短命的王朝，与同是古都的北京、西安一较量，便颇显得尴尬。因而南京的历史是厚重却沉默的，南京不像北京城那样雄伟，也没有西安那般肃穆，除去那些宏伟建筑的外形，南京的历史总归是有些不够大气，还不够拿出来显摆，于是南京这座城市的性格是如此的安静恬淡。南京的风是清新可人的，南京的水是含情脉脉的，这样诗情画意的韵味也是其他城市学不来的。

南京是一座有着很深历史积淀的城市。大江环绕，湖光山色，古城墙巍然挺立，南京散发着永远的古都魅力。三国时期东吴在此定都，使南京从江东一县一跃成为国都。接下来的320多年间，东晋和南朝的宋、齐、梁、陈相继建都于此，一座历史文化名城从此开始奠基。趁着北方连年战乱，这些地处江南的王朝以南京为中心迅速发展，形成了让人惊叹的“六代豪华”。东吴时候的南京人，已经能够造出装载3000人的大船，并且扬帆出海，到达柬埔寨、越南中部和中国的台湾地区。到了南朝时期，经过历代营建的南京，建筑艺术达到很高的水平，“梁式建筑”还传播到了日本等地，如今在日本被当作国宝。只是很少有人知道，这种“梁式建筑”

▲**南京“总统府”**

原来是从中国古代的南京传入的。

可惜经过古代历史上数次战争浩劫，南京的城池毁坏严重，如今的南京已经很难见到精美的六朝建筑。不过那些建造于明代的建筑，还是比较有特色的，其中就包括“总统府”。这个有着600多年历史的庭院，最早是明代皇帝朱棣给儿子朱高煦建造的汉王府，在中国清朝时期，清政府设立的两江总督衙门一直在这里办公。辛亥革命（1911）之后，中国的民主革命先行者孙中山先生在此就任临时大总统，所以这里被看做是中国近代史上的“轴心之地”。它见证了南京的近代史，是南京百年沧桑的时代缩影和城中难得的历史文化景区。在总统府旧址上筹建的中国近代史遗址博物馆，到现在已经初具规模。

十里秦淮的灯火，一直是很多人挥之不去的梦境。古老的秦淮河是南京古都面孔的重要组成部分，桨声灯影中，宛如历史悠悠流过。秦淮河是流经南京城市的主要河道，全长110千米，据说是秦始皇时期修建的。从1000多年前开始，达官贵族就在这条河两岸建造了漂亮的宅院，这些宅院跟迷人的秦淮河风光融合在一起，看起来像一幅水墨画，吸引了不少文人墨客。明清时代，这里的民俗和商业文化开始兴起，到了夜晚，秦淮两岸到处是歌舞乐声。四面八方的游客也竞相前来，他们乘坐着画舫，顺水漂流，欣赏美丽的秦淮河夜景。宽敞的画舫和秦淮河两岸的建筑上，一律悬挂着彩灯。灯照着水面，水映射着灯光，情景很让人着迷。中国现代著名作家朱自清，20 世纪 20 年代在这里游览之后，写了一篇优美的文章，至今还在学生的教科书里收录着。他所描绘的“桨声灯影”，成了南京重要的人文符号。当然，今天秦淮河的风光，已经不是那个时候的原貌了。发生在南京城的近代战争，让这里遭受了很大破坏。从 20 世纪 80 年代起，南京当地政府对遭受破坏的秦淮河进行了修复，河道也重新进行了清理。在桃叶渡至镇淮桥一带的秦淮水域上，重新设置了游船。游船不是二三十年代那种舱口阔大、里面陈设着字画和红木家具的大船，而是换成了脚踏小船。游人可以趁着夜色登船，慢慢地穿行在幽静的河道中，身边只有哗哗的流水声。

“千里莺啼绿映红，水村山郭酒旗风。南朝四百八十寺，多少楼台烟雨中”。东晋以来，佛教在全国范围内盛行，六朝时期，南京城内外寺庙更比比皆是。南京现在最为著名的两座寺庙是鸡鸣寺和灵谷寺。鸡鸣寺原名同泰寺，建于南朝梁武帝大通元年。后侯景举兵破城，梁武帝饿死台城，鸡鸣寺亦毁于战乱。时光荏苒，鸡鸣寺当年的盛景不再，但选个微雨天去鸡鸣寺走走，看看背后玄武湖湖区内朦胧的花草就能感受到一股沁人心脾的宁静。灵谷寺始建于南朝天监十三年（514），是梁武帝为安葬名僧宝访而建立的寺院。寺内的无梁殿，没有一根木梁，全部由砖砌成。

南京最为热闹的地方是夫子庙，夫子庙即孔庙，始建于南宋，原来是供奉和祭祀孔子的地方。孔庙、学宫与东侧的贡院组成三大文教古建筑群。现在所说的夫子庙范围扩大，包括附近一带的街道和商铺，南京的许多著名小吃皆在其中。也因傍着秦淮河，每天往来于这里的人络绎不绝。

明孝陵和中山陵是南京不可不去的地方。明朝开国皇帝朱元璋和皇后马氏合葬于此。明孝陵的神道石刻是中国帝王陵中唯一不呈直线，而是环绕建有三国时代孙权墓的梅花山形成一个弯曲的形状，形似北斗七星。作为中国明陵之首的明孝陵壮观宏伟。中山陵是“中华民国”国父、中国民主革命的先行者孙中山的陵墓。孙中山在北平逝世时有遗嘱：“吾死之后，可葬于紫金山麓，因南京为临时政府所在地，所以不忘辛亥革命也。”陵墓入口处有高大的花岗石牌坊，上有中山先生手书的“博爱”两个金字。从牌坊开始上达祭堂，共有石阶 392 级，8 个平台。台阶用苏州花岗石砌成。

南京的历史太深、文化太厚、景点太多，总觉得都重要都得说，却又觉得都太出名都不用说。南京其他的种种也就不多费口舌，其中的味道得自己去体味。

如今的秦淮河沿岸，已经成为南京最具时尚气息的生活场所之一。以夫子庙秦淮河为轴线的河厅、河房景观，与分布在明清风格建筑群内的购物和餐饮场所互相依托，组成了市场、街道、景观合为一体的休闲消费区域。游客在灯火辉煌的夜色里，荡舟穿行。岸上黄包车载着观光的客人，叮叮当当地在拥挤的人流中左闪右转。衣着鲜亮的情侣牵着手，津津有味地在小摊上吃着油炸臭豆腐。夫子庙秦淮河一带汇聚的特色小吃不下 200 种，最有特色的是鸭血粉丝汤，物美价廉，人见人爱。盐水鸭、茶泡饭，则是南京人生活中的寻常之物；经历了太多的风雨后，南京人的生活是恬淡而安静的。

徐州：千年帝都，东方雅典

徐州，华东重要门户城市，江苏省第二大城市，是国务院定位的拥有地方立法权的特大型区域中心城市，国家重要交通枢纽城市，国际性新能源基地，有“中国工程机械之都”和“世界硅都”的美誉。历史上为华夏九州之一，自古便是北国锁钥、南国门户、兵家必争之地和商贾云集中心。徐州有超过 6000 年的文明史和 4000 年的建城史，是著名的千年帝都，有“九朝帝王徐州籍”之说。徐州是两汉文化的发源地，也是中国佛教的发源地，有“彭祖故国、刘邦故里、项羽故都”之称。因其拥有大量文化遗产、名胜古迹和深厚的历史底蕴，也被称作“东方雅典”。

徐州，是汉高祖刘邦的故乡，也是其发迹之地。公元前 206 年 4 月项羽封刘邦为汉王以后，经过四年多楚汉战争，于公元前 202 年 10 月刘邦在定陶行皇帝礼，初都洛阳，后徙长安。此时，强大的汉王朝与西方的古罗马帝国遥相呼应，成为当时世界上最强大的帝国。两汉 400 年间，徐州共有 13 位楚王、5 个彭城王，应有 18 座王陵墓葬，其实还不仅如此，东汉时期，在现在的徐州行政区域内还分封过一个下邳国，有 4 位下邳王嬗递。

“佳处未易识，当有来者知”，徐州两汉文化景观中还有许多历史上遗留下来的胜迹，诸如戏马台、泗水亭、霸王楼、歌风台、拔剑泉、子房祠、王陵母墓等，每处景点，都有一段动人的历史故事，使人联想到楚汉战争的硝烟风云。

除刘邦外，南朝宋武帝刘裕，南唐烈祖李昪，南朝齐高帝萧道成，梁武帝萧衍，后梁太祖朱全忠等都是徐州籍。古城徐州，历史悠久，人灵地杰。龙飞之地，将相之乡。猛士如风，谋士如云；文人骚客，艺术大家，数不胜数；民族英雄，革命英烈，彪炳史册。历代徐州籍的开国皇帝就有数人之多。

而徐州籍的王侯将相更是层出不穷。刘姓诸侯王遍及汉朝各地，自不必细说。单就随刘邦征战功成、裂土分封的异姓侯就有 20 多人，如“五里三诸侯”的安国侯王陵、绛侯周勃、颍阴侯灌婴、萧何、曹参、周昌、樊哙等。东汉末年，被誉为江东第一谋士的彭城人张昭，东晋骁将刘牢之，清初状元李蟠，清雍正宰相李卫，清乾隆名相刘墉……都是中国历史上赫赫有名的人物。

徐州还哺育了一代代文人骚客、艺术大家。汉初彭城讽谏诗人韦孟，主持编写《淮南子》的淮南王刘安，中国目录学鼻祖刘向，刘向的儿子刘歆写出了我国第一部分类目录《七略》，东汉道教创始人张道陵，西晋竹林七贤之一的刘伶，编著中国第一部笔记体小说《世说新语》的南朝刘义庆，写出中国第一部史学评论专著《史通》的盛唐刘知几，刘知几的儿子刘秩编著了我国第一部政书《政典》，在徐州度过了 23 个春秋，自称是其故园的大诗人白居易，同是唐朝最重要的诗人之一的刘禹锡，堪称一代词宗南唐后主李煜，中国楹联第一人的刘孝绰，世称“刘三娘”的南朝才女刘令娴，“苏门六君子”之一陈师道，清初文学评论家张竹坡，分别获得 1914 年巴拿马国际博览会金质奖、银质奖的画家王琴舫和李兰，被称为“诗书画”三绝艺术家的清末民初教育家钱食芝，被誉为“民初四大书法家”之一的张伯英，国画大师李可染，还有解放战争中的烈士宋绮云与徐林侠及其儿子小萝卜头宋振中。其他还有清史专家萧一山、雕塑理论家王子云、国画名家萧龙士、人民音乐家马可、指挥家胡德风、书法家冯亦吾、“四小名旦”之一许翰英、中国台湾作家张晓风等等。

开封：古城遗风，几度沧桑

每座城市如同每个人，都有自己的性格。有人说，开封的城市性格是

“散淡”。因为这里的人们活得比较自在、悠闲，家家养鱼户户养花，闲了就泡壶茶写字画画。这种说法虽然不能以偏概全，却道出了开封“古城遗风”的浓重特点。在这一片热土上，承载着千年的浮华，背靠一条黄河，脚踏一个宋代，诉说几度沧桑巨变，成就多少豪杰英雄。

豫东平原的开封，是一座历史悠久的文化名城，它建城距今已有2700多年，历史上曾经有七个王朝在这里存在过。不过，如今它们都被埋到了很深的地下。开封的地下10米到12米处，完整地埋藏着多个王朝的宫殿和城池。一个王朝被另一个王朝取代后，新的王朝就在原来的废墟上重新建立，这样过了一代又一代，直到今天，考古学家发现，整个开封城还没有脱离原来的城市基础，面积只相当于原来的一小部分。往昔的繁华，是

▲开封古城

多么让人难以想象！

2005年，美国的《纽约时报》报道说，开封是“1000年前世界上最繁华的城市”。北宋王朝在这里存在了168年，那时开封还叫东京，人口超过了100万，全世界的商人都跑到这里做生意。大街上可以看到好多国家的留学生。后来还有几十个犹太人迁徙到这里，定居了下来，他们留下的纪念碑今天还在。当时的东京街道，能不时看到骆驼队驮着从丝绸之路

带来的各种货物。临街的茶馆和商铺，人来人往，热闹非凡。

今天的开封，是人们熟悉的宋文化名城。沿着北宋文化的脉络发展，开封形成了以清明上河园、木版年画、汴绣等为代表的民俗文化特色，游人如织，感受着它千年古城的风姿。

开封有很多宋文化特色的建筑群，最有名的是龙亭。龙亭所在的地方过去是皇宫，历经数次战火和黄河水的侵蚀，大部分皇宫建筑被毁坏。清代在皇宫遗址上建造了这座殿堂。龙亭坐北朝南，建筑在高达13米的青石台基之上。大殿是木结构，四周有石栏围绕，由此可远眺开封古城景色。龙亭前笔直的大道，穿过两个碧波荡漾的大湖，连接着宽阔的宋都御街。这条街是仿照《清明上河图》的模式改建的，长约400米。考古学家发现，这条街道下面，从前是宋朝的御道，皇帝出宫巡视都要通过这里。现在，街道两边布满了店铺。店里卖的物品，有文房四宝，也有汴京的刺绣，有绣画、绣伞、绣毯等。在中国，汴绣有800多年的历史。北宋的时候设有专门的“文绣院”，专为帝王和他们的嫔妃，还有那些达官显贵绣制衣服及装饰品。北宋画家张择端的长卷风俗画《清明上河图》，生动细腻地记录了宋朝时开封的繁华景象，是誉满中外的艺术珍品。今日开封城西北的清明上河园，是仿照《清明上河图》建造的，这是一座大型民俗风景游乐园。游人进去之后可以换穿宋代的服装，边走边看，感受古人的生活习俗。这个主题公园没有图上记载的范围那么大，但仍吸引着大量的游人来此体味那隔世的繁华。

清明上河园里有很多好玩好看的民俗项目。《清明上河图》中所描绘的舞蹈、影戏、杂技、说书等，统统被搬进了这座公园，白天的石板路上，老牛拉着木轮车来回走动，穿着宋朝服装的生意人满头大汗地忙着招徕生意。

如果往城市外面走，游客会发现开封的东南西北四个入城口，分别有一座用青砖砌的城门，看起来就像是古代的城堡。有些城门连接的城墙就是古代留下的，仔细看上面还保留着近代战争的枪弹痕迹。似乎是经历的事情太多了，今天的开封人看起来很从容。每天早上，进出城门的人都很多，城墙脚下也通常聚集着许多人，有散步的、有打太极拳的，人力三轮车夫不紧不慢地蹬着车子，在道上穿来穿去。开封城区里的包公湖和潘杨湖，湖水冬夏都是清澈的，湖水离堤岸很近，伸手就能触摸到。

11月北方正进入深秋，外面还不太冷，正是露天吃小吃的好时候。这时候去开封还能赶上一场盛大的菊花展览。每年的开封菊花展持续一个月的时间，展览的菊花超过20万盆。这个展览是为继承北宋传统，已经举办了很多年。展览期间的晚上，街上挂着菊花灯，跟元宵节的灯会一样，把整个古城都照亮了。

洛阳：洛阳地脉，牡丹尤奇

漫步古都，你会发现洛阳城内，百姓们都喜欢谈论历史，魏晋之风流，唐朝的风，宋时的雨，明清的繁华与落寞，浸着烽火狼烟，漫着血雨腥风，还有那份繁华散尽的淡定与从容。岁月如伊水流逝，千年往事，浮华一梦，宫阙万间，都做了土。那么，就不要惊醒睡梦中的她吧，让她在往昔的梦中沉睡，在旧时的旋律中苏醒。

“洛阳地脉花最宜，牡丹尤为天下奇”。说起古都洛阳，这是一个建都时间仅次于西安的城市，历史上有九个朝代在这里建都，留下了大量古建筑和历史人文景观。中华民族最早的历史文献“河图洛书”就出自洛阳，中国第一部断代史《汉书》、历史巨著《资治通鉴》都是在洛阳完成的。它是中华文明的重要发源地，也是海内外华人寻根问祖的热点地区。今天的洛阳，是一个充满生机的现代城市。每年4月，盛大的洛阳牡丹花会开始举行，吸引了大量国内外的游客。

洛阳种植牡丹的历史从唐代开始，距今已有1400多年。洛阳市的牡丹品种达到了350种，国内其他城市多有不及。洛阳牡丹花大色艳，富丽端庄。古人认为洛阳的土地最适合花的生存，而生长在这里的牡丹也是中国最好的。许多人甚至觉得，牡丹是可以代表中国的国花。不过牡丹的花期很短，只有20多天。赏牡丹是古城洛阳的传统习俗。牡丹花在每年4月中旬到5月初开放，那时候，洛阳从大街小巷到公园郊野，到处是牡丹，开得鲜艳，红的，黄的，粉的……整个城市成为花的海洋。洛阳因此也享有“花都”的美誉。正如唐代诗人刘禹锡在《赏牡丹》中所言：唯有牡丹真国色，花开时节动京城。洛阳牡丹花节时也是洛阳人的节日，牡丹花会的观赏项目和活动项目之多，和过年过节相比毫不逊色。游人在对牡丹一饱眼福之余，还可尽情地欣赏夜晚的灯展、白天的庙会及灿烂的牡丹文化——牡丹笔会、牡丹音乐晚会、牡丹诗词碑文、牡丹插花、牡丹盆景艺术

▲洛阳牡丹

展等等。洛阳人对牡丹的热爱，是从骨子里发出来的真心喜欢，而不是因为牡丹带来的巨大利益。牡丹花开之际，游人来到洛阳，不仅能看到倾国倾城的牡丹，还能感受到洛阳人对牡丹的热情。

牡丹花会期间，游客能看到传统的文化庙会，文物展览，还有中国特色的大型婚礼和大型传统武术表演。除了看牡丹花外，游客也选择去龙门石窟参观。龙门石窟位于洛阳市区南 12 千米处，是与大同云冈石窟、敦煌千佛洞石窟齐名的中国三大石窟之一，2000 年 11 月被联合国教科文组织遗产委员会列入世界文化遗产名录。

龙门石窟展现的是雕刻在两山峭壁上的奇观，被称作大型石刻艺术博物馆。它始建于北魏，经过好几个朝代的陆续开凿，开凿时间长达 400 多年，南北长达 1 千米，共有石窟 2345 个，造像 10 万余尊。其中最大的佛像高达 17. 14 米，最小的仅有 2 厘米，富丽而精巧，体现了很高的艺术造诣。古都的这些石刻向后人展现了公元 5 世纪到 10 世纪之间那段已经消失的文明，折射出当时的政治、经济和社会文化时尚，包含了研究中国古代历史、文化、佛教、雕刻、服饰的丰富资料。

此外，佛教传入中国后官办的第一座寺院、被称为中国第一古刹的洛阳白马寺，也是历史留给洛阳的古老遗迹。时至今日，每年元旦，许多中外朋友都要聚集于白马寺来聆听“马寺钟声”，用 108 下钟声消除心中一切烦恼。

洛阳是一个处处可见历史的古都，比如洛阳街头的唐代俑器和陶器，是仿照唐代洛阳盛产的唐三彩制作的。唐三彩的造型主要是马、骆驼和人物，釉色以红、绿、黄为主，还有白、黑、蓝、紫等颜色。赏完牡丹，游完龙门石窟和白马寺，再带上几件精美的唐代风格的陶器，恐怕是游览这个城市最好的收获。

安阳：帝都之象，历史悠久

古都之一的安阳，好像并不为人们所熟悉，其实它是相当古老的文化发源地，可以说，中国的历史发展，与这座已有3300多年历史的古老城市有着无法拆分开来的关系。

安阳，是文化之根，人祖之根。如果你轻轻触碰，就会喷洒出一片辉煌。

青铜时代，中国最繁盛的都城就是这里。商王盘庚在这儿建都，创造了以甲骨文、青铜器和玉器为代表的殷墟文化。用灿烂来形容殷墟，也都觉得似乎少了那么点儿力度；作为商代晚期的国都，殷墟濒河而建，规划形式在当时已是出离宏大，完全体现了一个高度繁荣的国都应有的气派。殷墟宫殿以土木为主要建筑材料，这对中国古代的宫殿宗庙建筑产生了重要的影响。而从此之后一直到现在，聚居和群葬依然是中国人心中不应改变的传统。以宗族为单位的民居，成片分布，并铺设了陶制排水管道，其聚族而居、聚族而葬的形式，一直延续至今。十二座王陵大墓和在它们之中令人震惊的人殉与牺牲，则组成了中国目前已知最早也是最完整的王陵墓葬群。安阳的殷墟，代表了中国古代早期王陵建设的最高水平，而安阳，默默地记下了这一切，使它变成了首个有文字记载的都城。而在这里出现的青铜文化也达到了历史上空前的高峰——有名的司母戊鼎，就是在这里出土的。

古老的年代就如此具有帝都之象，也难怪曹魏、后赵、冉魏、前燕、东魏、北齐等朝纷纷在这儿建都，“殷都废而邺都起，邺都衰而相州继，相州改而彰德立”，铁打的安阳，流水的统治者，但古都文明，的的确确在这片阅历丰富的土地上保留下来了。

▲司母戊鼎

人杰地灵而历史悠久的安阳，有着难以计数的历史传说，也出过太多令人尊敬的古代英杰。除了周文王，还有上古的颛顼帝，治水而三过家门不入的大禹，背后刺字“精忠报国”的岳飞，兴修水利的西门豹、锐意变革的商鞅、农民起义军——瓦岗军的首领翟让、明关汉卿和元代戏曲作家郑廷玉等等。然而除了这些男性名人之外，商王武丁的妻子妇好也是一位令人敬佩的巾帼英雄呢。

妇好是我国有文字记载的第一位文武双全的女将军。在甲骨文中，和她有关的记载多达200余条。武丁通过发动战争，把商朝的版图逐渐扩大，可是为他东征西讨的大将居然是一个女人。据记载，曾有一年北方边境的战争僵持了很久，妇好主动请缨要求上阵，武丁占卜之后才决定派她起兵，最终大胜，从此妇好便成为军队的统帅。她曾率领1.3万余人——可别小看这个数字，这相当于全国一半以上的兵力——去攻打前来侵略的敌人，最终凯旋。这可是商朝历史上最大的战争！除此之外，妇好还是国家的主要祭司和占卜之官。通过祭祀参与政事，成为一位出色的女政治家。在男性已经占据社会主导地位的商朝中后期，妇好居然可以担任这么多重要的职务，并因功勋卓著而深得爱戴，足以见得她的本领有多高强了。

在妇好积劳成疾仙逝之后，武丁对她予以厚葬，并修筑享堂时时纪念。妇好墓就位于安阳小屯村，出土过大量的陪葬品，可见妇好生前被武丁重视的程度。

今天的安阳，似乎已经没有了古时候的辉煌；但它与生俱来的韵味，时时提醒着人们：这里是一块有着无数传说、钟灵毓秀的宝地。在物欲横流的现代社会里，也许重温古人的故事，能在众人皆醉之间看见这里还亮着的一盏灯火，看见生命最初的模样。呼吸着每一口带着古风的空气，发思古之幽情，一定会听见历史在为你轻轻歌唱。

南阳：卧龙之地，灵秀南阳

南都帝乡，四圣故里，千年玉都，中国水城，卧龙之地，灵秀南阳。

南阳是豫陕鄂川渝区域性中心城市，南阳是国务院第二批命名的历史文化名城，西汉时为全国六大都会之一，东汉时期为光武帝刘秀的发迹之地，故有“南都”、“帝乡”之称。

“南阳诸葛庐，西蜀子云亭”，吟诵着《陋室铭》，漫步在南阳街头，卧龙岗、诸葛庐、医圣祠、张衡墓……一处处名胜古迹无不彰显着这座城市厚重的历史文化底蕴。“滚滚长江东逝水，浪花淘尽英雄”，无数的英雄伟人早已湮没在历史的长河里，而有一些人，却永远闪耀在南阳的上空，

▲南阳诸葛庐

如同星辰，璀璨明亮，光芒依旧。

南阳，古称宛，殷商时，武丁“奋伐荆楚”，把这里作为前哨阵地，秦置南阳郡，郡治于宛。又因其位于伏牛山之南，居汉水以北区域之阳地，故名南阳。西汉时“商遍天下，富冠海内”，为全国六大都会之一。

清代，驿道开通，南船北马，商贾云集，繁荣昌盛。

历史悠久的南阳人才辈出，历代文人骚客贤士英才都曾在南阳驻足，谋圣姜子牙，商圣范蠡，医圣张仲景，科圣张衡，智圣诸葛亮，这五个圣人，在南阳的历史上各自抒写了名流千古的一笔，留下了永不磨灭的光辉。

“齐僮唱分列赵女，坐面歌兮起郑舞”，很久以前，南阳的土地上便有先人优美的歌声传出，东汉时期，作为全国的政治、经济、文化中心，歌舞艺术也得到了极大的发展，舞乐、百戏更是大放异彩。大约在明、清之际，我国近现代汉族民歌的格局差不多已经形成，千百年来，南阳民歌伴随着民间歌舞，在这块古老的土地上繁衍生息，流传发展，形成了独具特色的文化传统，深受楚声、楚俗古老的地域传统影响，又与相邻地区不断交汇融合，源远流长，多姿多彩：山歌、田歌、劳动号子、灯歌、小调、风俗歌……

南阳境内多河流，抛锚、起锚、撑篙、行船，勇敢无畏的船夫们在与险滩风浪进行殊死搏斗的过程中产生了优美激昂的号子，闯滩时，拉纤时，险滩时，吼上几声，顿时士气大振。

还有一种比较特别的是歌、舞、乐三者融为一体的民间歌舞——灯歌。南阳古代已有玩花灯的传统习惯，欢快热烈，热情奔放，在灯歌流传的城镇，百姓们张口就来，历史传说，爱情故事，浓浓的生活气息在歌中弥散，幽默诙谐，风趣生动。

信阳：宜居之城，旅游之城

信阳市，简称“申”，位于河南省南部，东邻安徽，南接湖北，为三省通衢，是江淮河汉间的战略要地，豫南政治、经济、文化、教育、交通、物流中心，鄂豫皖区域性中心城市。信阳山水秀丽，气候宜人，是中国著名的宜居之城、旅游之城、创业之城，也是全国唯一一个连续四年入选“中国十佳宜居城市”的地方。境内有中国四大避暑胜地之一的鸡公山、“中原第一湖”南湾湖、国家地质公园金刚台，唐、明两朝国庙灵山寺等著名旅游景点。

信阳，全国重要的交通枢纽城市，因信阳毛尖和鸡公山而闻名。位于淮河上游，中原文化与楚文化在此交融共生，形成了细腻浪漫的豫风楚韵淮上文化风情。信阳北距郑州 300 千米，南距武汉 200 千米，东距合肥 346 千米，西距西安 534 千米，是全国 44 个交通枢纽城市之一，豫南地区政治、经济、文化、交通、物流中心，中国连接南北，承东启西最重要的

▲信阳鸡公山

支点城市。

信阳气候宜人，素有“北国江南，江南北国”之美誉，是中国最显著的南北分界线的标志地。境内有鸡公山、南湾湖、灵山寺、贤隐寺、汤泉池、西九华山等著名旅游景点。孔子周游列国终点、子路问津、司马光砸缸、亡羊补牢等典故轶事都发生在这里。在中国第一颗人造卫星上播放的乐曲《东方红》就是由信阳长台关出土的楚国编钟所演奏的，信阳还出土过全国最早的毛笔、酒、轿子、床、书籍和楚国最精美的漆器，印证着这里是楚文明最重要的代表城市。

信阳根亲文化繁荣，汉姓 100 大姓中，黄、赖、罗、蒋等 13 个姓氏都源于此。信阳地处江淮之间，是历代中原人南迁的始发地和集散地，享有“中原第一侨乡”之美称。

信阳饮食文化优越，信阳菜、信阳小吃闻名天下，独具一格。信阳毛尖更是中国十大名茶之一，北宋文豪苏轼谪居信阳时，给予“淮南茶，信阳第一，品不在浙闽下”的盛赞。信阳人开拓创新，先后开发出“信阳红”和“信阳观音”等茶叶新品，终结了长江以北无红茶和青茶的历史。

信阳自古以来地灵人杰、英雄豪杰辈出，一代名相孙叔敖，施教于

民、布政以道，助楚庄王称霸天下。战国四公子之一的楚相春申君，是上海、苏州等地的人文始祖；开漳圣王陈元光，开发闽南，把中原文明传播到福建、台湾等地；宋朝宰相司马光，著有《资治通鉴》，是中国史学界之泰斗；明代文豪何景明，为“前七子”的领袖，名播全国文坛；祖籍光州固始的郑成功将军，收复台湾、英勇抗清，是名满天下的民族英雄；清代状元，植物学家吴其濬著有《植物名实图考》，成为当时的学术泰斗。解放战争后，信阳地区先后有100多人成为国家领导人、高级将领。当代的信阳籍商人一直是豫商的领军者之一。

拉萨：洁净自然，独特民俗

拉萨是个不容易接触的城市，它太高，太偏了。不容易走进那片神秘的地域，于是便萌发了想去看看的冲动，但即使你准备好了经费和时间，却还要接受高原反应的考验。拉萨，似乎在抗拒。是啊，因为能去那里的人相对较少，它独特的风景和文化才能保存得良好，而不是像其他地方一样把景点都人工化到像自然一般。拉萨在保护自己。但是，那片神秘的地方总是我们心中挥之不去的一片光芒，即使对它不了解，也想去看个究竟。

洁净的自然环境，独特的民族风俗，神秘的宗教文化……拉萨是人们心中的圣城。

这是一个纯净、古朴的世界。拉萨的天是一种原始和圣洁的蓝，能涤荡人的灵魂。西藏是中国日照时间最长的地区，拉萨有“日光城”之称。亘古的阳光普照高原大地，她照耀着雪山、碉楼、寺庙、荒野，照耀着行人、牛羊、玛尼堆、湖泊。拉萨的洁净是清澈透明的，空气仿佛被水洗过了一样。吉曲河从终年积满白雪的唐古拉山冰峰雪谷中奔涌下来，流经无数森林峡谷，在曲水汇入雅鲁藏布江，形成难得一见的雪域奇观。吉曲河的水质清澈幽蓝，被称为“蓝色欢乐之波”。拉萨古城和布达拉宫就伫立在这条蓝色河流旁边，巍峨的建筑和纯净的河流情景交融，十分迷人。

进入西藏高原之后，山间路旁到处都能看到随风飘舞的经幡。身着藏袍的藏民，手持转经筒，目光坚定、态度虔诚，跋涉千山万水，在朝圣的路上，不知疲倦地磕着长头。佛教对西藏地区人们的生活有着独特的影响。在拉萨，老年人每天起床后就开始在家庭小佛堂神龛前添酥油、换净水，祈祷片刻，接着登上屋顶平台焚烧香草香树，祭祀山神、水神和家宅神，请求保佑。然后是邀请邻居街坊一起出门转经。他们一手数念珠、一手摇动转经筒，口念六字真言，成群结伴围绕寺庙佛塔按顺时针方向匆匆行进。

西藏的宗教活动特别繁多。一年中约有 150 多个大小节日和吉日，大都与宗教文化有联系。每逢藏历的马年、羊年和猴年，西藏许多著名的神山圣湖都要举行大规模的朝山转湖活动，冬季农闲季节朝圣的群众更多，超过 10 万人。

▲布达拉宫

海拔 3700 多米的红山之巅，坐落着宏伟的布达拉宫。它建于公元 7 世纪，距今已有 1300 多年的历史，被联合国教科文组织列入世界文化遗产名录。依山而筑的布达拉宫体现了藏族传统的石木结构碉楼形式，又结合汉族传统的梁架、金顶和藻井特点，空间层次繁多，富有美感，是世界建筑史上的奇迹。相传好善信佛的藏族吐蕃王松赞干布迁都到拉萨后，经常在这座山上诵经祈祷，迎娶唐朝的文成公主之后建造了这座宏伟的宫殿。布达拉宫由两大部分组成，红宫居中，白宫横贯两翼。白宫是历代达赖喇嘛举行坐床、亲政大典等重大宗教和政治活动的中心。红宫是历代达赖喇嘛的灵塔殿和佛殿，其中以五世达赖喇嘛的灵塔最大，塔身高 14.85 米，据说塔身共用 11 万两黄金包裹，还镶嵌有上万颗珍珠、宝石、玛瑙等。红宫的顶楼，也是布达拉宫最高的地方，可以俯视整个拉萨城。阳光照耀之下，宫殿的金顶银顶闪耀着光辉，远处天空深蓝，白云悠远，神圣的景象震撼人心。

布达拉宫保存了丰富的历史文物和工艺品，称得上藏族艺术的宝库，其中5万多平方米的壁画，内容涉及宗教故事、风俗民情、历史事件，色彩和人物形象都栩栩如生。这些古老的壁画表现了公元7世纪汉藏两民族和睦相处的情景，是中国多民族统一国家形成的历史见证。

位于拉萨市中心的大昭寺，也承载着这种文化背景。这座建造于公元647年的庞大建筑，是藏王松赞干布为纪念文成公主入藏而建。以大昭寺为中心修建的八廓街，是拉萨历史上最早、最繁荣的地带，那里保留着古城的传统面貌和居住方式。常常有虔诚的信徒手摇经轮，进入八廓街，绕大昭寺不停地转经，宁静而坦然。

青藏铁路的开通让神秘的拉萨不再遥远。当人们乘坐着从北京、上海开出的特快列车前往西藏时，沿途会看到成群的牦牛和藏羚羊，还有随风飘扬的经幡和桑烟，高原画卷徐徐展开，呈现在每一个向往它的人的眼前。

敦煌：东方卢浮，艺术宫殿

敦煌莫高窟是本太深邃的书，翻开了它的扉页便会轻易发现自己的浅薄，于是对它的描述总是会显得艰难。

莫高窟的发现被誉为是20世纪最有价值的文化发现。莫高窟是我国三大石窟之一，是现存规模最宏大、保存最完好的佛教艺术宝库。

莫高窟从漫长的历史中蹒跚着走过来，被时间的风沙侵蚀掉了其最初的模样，而且在一段时间之中，莫高窟不仅遭到了自然侵袭，更是遭受了诸如余秋雨《道士塔》中那个道士的人为破坏。看着那些残缺的古迹，该有多痛心啊！现在保存下来的石洞有492个，壁画4.5万多平方米，彩塑像2000身，如此神秘而壮丽的莫高窟被誉为是“东方卢浮宫”。在近几十年中，国内外学者对莫高窟的兴趣与日俱增，在不断的研究中，逐渐发展成了专门研究藏经洞典籍和敦煌艺术的学科——敦煌学。

莫高窟是古建筑、雕塑、壁画三者相结合的艺术宫殿，尤以丰富多彩的壁画著称于世。石窟壁画丰富多彩，有各种各样的佛经故事，山川景

▲敦煌莫高窟

物，亭台楼阁等建筑画、山水画、花卉图案、飞天佛像以及当时劳动人民进行生产的各种场面等，这些作品都生动地反映了我国 6 – 14 世纪的部分生活及艺术发展情况。古代艺术家不仅熟练地将民族文化融入了这里，而且吸收了伊朗、印度、希腊等国古代艺术之长，中国古代文化的发达和兴盛的程度在这里大放异彩。

在 16 号洞窟中发现了砌封于隐室中的从三国魏晋到北宋时期的经卷、文书、织绣和画像等约 5 万余件珍品。文书的内容除了佛、道等宗教类还有文学作品、契约、账册、公文书函等世俗类的文书。文书除汉文写本外，另有栗特文、怯卢文、回鹘文、吐蕃文、梵文、藏文等各民族文字写本。这些文本的发现对我国古代文献的研究有特别的意义和极高的价值。

榆林窟是敦煌石窟的组成部分，俗称万佛峡，与莫高窟为姊妹窟，它的大致内容、艺术风格、绘画形式与莫高窟也一脉相承。榆林窟开凿于隋朝以前，现存唐、五代、宋、西夏、元等朝代洞窟 42 个。石窟中的雕塑有很多佳品，其中的一座高 22 米的释迦牟尼佛像，金碧辉煌，庄严而宏伟。其中的罗汉像也形象逼真、活灵活现。但在榆林窟中，壁画却是最为珍贵的，它的内容丰富多彩，佛和菩萨的画，佛教故事画，繁多的花禽鸟兽的画让人目不暇接。壁画之中当以唐 25 窟中的壁画最为精美，是唐代作品中的杰出代表。

沙漠的荒芜是不见植物只见黄沙的苍凉，而这种荒芜之中却隐含着神秘的风光，鸣沙山便是敦煌的沙漠中的神秘。当有风从这里经过，风声便在这里吹起一阵奇怪而有趣的响声，狂风起时，沙山会发出巨大的响声，轻风吹拂时，又奏出管弦丝竹之音，于是便有记载："传道神沙异，暄寒也自鸣，势疑天鼓动，殷似地雷惊，风削棱还峻，人脐刃不平。"这响声吸引了众多的游人，但也没有多神乎其神，与神仙鬼神更无关系。沙能发声是因为在沙漠中，由于各种气候和地理因素的影响，造成细沙粒因风吹震动、沙滑落或相互运动，众多沙粒在气流中旋转，表面空洞造成"空竹"效应发出的嗡嗡响声。鸣沙山另一奇特之处便是沙子有红、黄、绿、白、黑五种颜色，因此被叫做"五色沙"。

被鸣沙山环抱着的有一泉水，因弯曲如新月而得名月牙泉。这一弯沙漠清泉，碧如翡翠，它置身在沙漠之中却不会枯竭，而且飞沙不落月牙泉，泉水涟漪萦回，有"沙漠第一泉"之称。

这块嵌在沙子中的翡翠不仅仅只是水好看，泉边芦苇茂密，微风起伏，芦苇也荡漾起湖水一般的波纹，很是漂亮。

这泉的俗名叫药泉，景区内的罗布麻、枸杞等药材很多，南岸的小花罗布红麻是非常保健的中草药，这"药泉"当的也算名副其实了。

这奇妙的月牙泉的奇妙被概括为："月牙之形千古如旧、恶境之地清流成泉、沙山之中不淹于沙、古潭老鱼食之不老。"

鸣沙山月牙泉的风景在沙漠之中独树一帜，不愧为"塞外风光第一景"。

敦煌古城为汉敦煌郡治，唐立沙州，元置沙州路，明设沙州卫，其城址一脉相沿，未曾他迁。

古城现仅存南、北、西三面断壁残垣。现在的敦煌古城应该叫做"仿宋沙洲城"，是 1987 年为中日合拍大型历史故事片《敦煌》，以宋代《清明上河图》为蓝本，仿照沙州古城而建造，再现了唐宋时期西北重镇敦煌的雄姿，被称为中国西部建筑艺术的博物馆。敦煌古城再现了敦煌的千年古貌，在《敦煌》之后，吸引了很多导演的目光，《封神演义》《怒剑啸狂沙》《新龙门客栈》《敦煌夜谈》《沙州王子》《海市蜃楼》等 20 多部影视剧作品都曾在这里拍摄过，故又有"敦煌影视城"之称。

"黄河远上白云间，一片孤城万仞山。羌笛何须怨杨柳，春风不度玉门关"和"渭城朝雨浥轻尘，客舍青青柳色新。劝君更尽一杯酒，西出阳关无故人"是两首被世代传诵的千古名诗，而从这诗中意境便可知这玉门关和阳关一定是遥远而荒凉的地方，而两关所延伸出来的苍凉之感却让人十分向往，巧的是这两关恰好又同在敦煌。

当年张骞出使西域而开辟的“丝绸之路”必定要经过这两个关口。相传西汉时西域和田的美玉，必定要经此玉门关进入中原，因此而得名“玉门关”。阳关坐落在玉门关之南，因此得名“阳关”。

玉门关是一座四方形小城堡，保存得较为完整。在一眼望不到头的沙漠之中，长城蜿蜒逶迤，长城烽燧遗址如龙游瀚海。而阳关却早已淹没在时间的洪流之中，如今不可见其当初的模样。但两关在当初都是重兵把守的地方，多少将士的尸骨都埋在了这里，离情别绪如今在这里依然飘荡而久久不能消散，爱国的热情与对家乡的思念也在这里纠缠而不能得到释然。凭吊历史，总会有种眼泪夺眶而出的冲动。

第二章　景观优美宜人城市

杭州：华贵之城，世上最美

自古以来，杭州就满载了一城的好名声。宋著名词人柳永在《望海潮》中赞道：“东南形胜，三吴都会，钱塘自古繁华。烟柳画桥，风帘翠幕，参差十万人家……有三秋桂子，十里荷花……”钱塘是杭州的古称，这首写杭州的词可谓脍炙人口，而传说当年完颜明看完这首词中所描绘的繁华之景遂起南下之意。别的不论，仅仅从其能成为“三吴都会”，后又是南宋之都的历史中便可见杭州自然有不一般的地方。元朝时，意大利人马可·波罗称赞杭州为“世界上最美丽华贵之城”。而“上有天堂，下有苏杭”“东南第一州”等赞誉也不是随便哪个地方都配得上的。

杭州是一个让人充满向往的城市，那里有美丽的西湖，有着许仙和白娘子不老的爱情故事。优美的风景和动人的传说，富庶的经济和惬意的生

▲杭州西湖

活，使这个城市充满了经典的东方美。

西湖是杭州风景的代表，西湖的一草一木、一屋一椽，都散发着浪漫

主义的魅力，吸引着四面八方的人们。去杭州旅游，不去西湖，就像没有到过杭州一样。在杭州人看来，西湖是他们的宝贝，是这个城市美好生活的象征。杭州的繁荣跟西湖有很大的关系，从最初的城市供水，到旅游带来的财富，甚至地产的开发，都离不开西湖。

西湖是杭州的精髓，也是杭州人的骄傲。在中国，很难再有一个城市像杭州这样，和一池湖水有着如此深厚的联系。从诗人白居易到文学家苏东坡，从女诗人苏小小到女革命家秋瑾，西湖边的每一块石头，几乎都沉淀了诗歌和故事。温柔的水，悠然的山，随风摇摆的柳条，这样的西湖景色会让再匆忙的游人也变得心平气静。不少外地人对西湖一见钟情，把家安在了杭州。

如今，杭州政府又在西湖边上增加了很多亭台和水岸码头，把西湖打造成了美得让人心醉的艺术品。在晴天，在雨天，西湖都像一个美丽脱俗的东方姑娘。苏东坡别出心裁地把西湖跟中国历史上有名的美人西施相比，在诗人的眼里，西湖怎么看都是好的，有西湖的地方就是人间天堂。每天傍晚，南屏晚钟会从西湖南边的净慈寺里传出来，整个湖畔都能听得到。游客乘着挂满彩灯的画舫，在夜色中游览西湖，如同穿梭在美妙的梦境中。

跟这种环境相融合的，是杭州休闲的都市氛围和文化生活。从城里到城外，杭州都让人感觉舒服，忘记一切烦恼。西湖边上分布着很多有名的茶馆，茶馆里装潢考究，丝竹声声，到了夜里会有一丝迷离之感。例如西湖边上的青藤茶馆，是根据中国美术学院设计而建造，里面精巧细腻的东阳木雕饰品处处可见。坐在西子湖畔，喝的不仅是茶，更是精致的文化。如今这种茶文化还传播到了西湖边上的村庄。杭州有一个叫龙坞茶村的地方，每年都会举办茶节，游客可以进村参加很多跟茶有关的活动，比如看炒茶、购茶、欣赏地方戏曲，还有吃农家饭、喝龙井茶。

“人间天堂”的购物环境之好也是大家公认的。在杭州，游客可以买自己喜欢的丝绸，吃著名的东坡肉。下雨的时候，可以撑一把杭州产的“天堂伞”，走在细雨里，感受杭州的浪漫与优雅，体味这个水样城市的灵性与闲情。

杭州的水不仅充满着柔情和浪漫，还包含着大自然的神奇力量。杭州还有一处跟水有关的世界奇观，就是闻名中外的钱塘江潮。浙江每年都要举办国际钱塘江观潮节，地点就在杭州市海宁盐官镇。每当潮涌来临，声音像打雷一样，波涛汹涌，掀起很高的浪墙，气势如同海啸一般。它跟西湖好像一对兄妹，一个强悍，一个妩媚，一动一静。钱塘江观潮的风俗从中国汉唐时代就开始了，一直延续到今天。每年9月至10月间，观钱塘潮成为杭州游客固定不变的游览内容。

扬州：园林之盛，甲于天下

扬州是个美丽的名字。扬州是秀才书生笔下的诗句，扬州是艺妓讨生活的天堂，扬州又刻满了痴男怨女离情别绪的哀伤。从电视里看得多了，我们也就都记得了扬州。

“烟花三月下扬州”“十年一觉扬州梦”“春风十里扬州路”……古往今来，太多的文人墨客赠予了太多的笔墨给扬州，而扬州这个未曾谋面的古城也在心里悄悄具体、丰满了起来。知道扬州好，而扬州哪里好，可能许多人又说不出道不明了。

千古名邑扬州，距今已有2500年的历史。它东近黄海，南临长江，北接淮水，中有京杭大运河纵贯南北，历来是水陆交通枢纽、南北漕运咽喉，见证了富庶而繁忙的城市生活景象。在清朝康熙年间，扬州是世界上人口超过50万的十大城市之一。历史上中国最大的盐运、漕运的集散中心都设在这里，扬州通过京杭大运河迎来送往，接纳了数不清的茶叶、木材和食盐，运河帆樯如林，古渡人声鼎沸。直到今天，这条纵贯扬州的京杭大运河还可以直通长江，不过，河里再也看不到那些运送食盐、木材和茶叶的商船，取而代之的是装满了水泥大砂的驳壳船。长江三角洲经济的繁荣，促进了江苏、浙江和上海之间的交往，许多生产和生活资料，就是通过这条历史上的黄金水道运送到运河沿岸城市的。业务繁忙的时候，京杭运河那些运送水泥大砂的驳壳船还会排成长龙，时而会发生拥堵现象。

除了这依旧忙碌的漕运，人们优雅富足的生活方式也折射出当年的繁华。历史上侨寓扬州的商人，经营盐业和典当业获得了巨额的财富，然后安居这里，建造了豪华的园林。园林常常是盐商们宴请文人的场所，在中国文化领域独树一帜的清朝扬州画派的代表人物“扬州八怪”，也常常成为这些园林里的座上客。商人获得了成功，就越发表现出对文化的敬重，修建园林时常常附庸风雅，在建筑中融入了琴棋书画、山水虫鸟等传统文化元素。清朝时，康熙和乾隆两位皇帝多次南巡扬州，对扬州的园林赞不绝口，如此一来，当地的豪绅越发争相建园。城区不大的扬州，因此有了“园林之盛，甲于天下”的美名，成为人文荟萃、风物繁华之地。

扬州最具魅力的还是身上与生俱来的美吧。扬州市属于亚热带季风性湿润气候向温带季风气候的过渡区，地处江淮平原南端，受季风环流影响明显，四季分明，气候温和，自然条件优越。凭着造物主如此的厚爱，才

▲瘦西湖的亭台楼阁

成就了扬州小家碧玉的美丽。

国家重点风景名胜瘦西湖就是其中有代表性的一处。这座建造于南北朝时期的山水景观园林，到了清代康乾时期已经很具规模。瘦西湖的亭台楼阁跟杭州的西湖很是相似，只是因为要比西湖瘦小很多，所以才被称作“瘦西湖”。湖区是利用桥、岛、堤、岸来划分的，狭长的湖面层次分明、曲折多变。瘦西湖全长不到5千米，岸边有长堤，还有著名的徐园、小金山等名胜。河堤两岸种满了垂柳，长长的枝条下垂，树叶掠着水面，很有诗意。长堤是个赏春的好地方。今天的人总爱念叨着唐代诗人李白的名句“烟花三月下扬州”来到这里，欣赏扬州二十四景之一的“长堤春柳”。湖光山色、园林相接，如同一幅水墨画，是游客的“梦里江南”。

园林附带的幽雅与闲适，延续到了扬州生活的方方面面。扬州沐浴、扬州修脚，都成为现代游客休闲方式的重要组成部分。数不清的游客在来扬州之前，都会被告知，到了那里一定找个好地方，体验一下泡澡修脚的乐趣。在扬州沐浴，的确是体验扬州民俗文化的特殊方式。扬州“早上皮包水”、“晚上水包皮”的遗风形成已久，即早上空腹喝茶、吃扬州点心，

晚上泡澡。扬州人很爱洗澡、很会洗澡，原来的老澡堂一进去，就像进入了江淮民俗博物馆。很多游客到了扬州，通常不找旅馆，而是直接进澡堂，连住宿带体验民俗文化，一下都有了。同样，修脚也是如此，在扬州，修脚已经不只是技术，还是一门艺术，成为淮扬特色文化的一部分。

论吃食，扬州更是一个好去处。扬州菜以“三头”（拆烩鲢鱼头、扒烧整猪头、蟹粉狮子头）为代表，“富春”包子也已发展成扬州旅游不得不品尝的美味。大煮干丝、“三套鸭”也是扬州特色。不能不提的是家喻户晓的扬州炒饭，全国各处都有“扬州炒饭”的招牌，但要了解扬州炒饭真正的妙处还得亲自去扬州。

如果你知道了扬州，那你肯定知道“扬州八怪”，或者你知道了“扬州八怪”才学着慢慢去了解扬州。在扬州文化，甚至在中国的文化里，他们始终散发着夺目的光亮。文艺理论家最后把“扬州八怪”归纳为 15 人。在扬州当地纪念馆，就立着 15 人的雕像。扬州八怪生前便已声名远播，他们逝去之后，其大胆创新之风被后世所学习。他们中多数人对“扬州八怪”的作品作了高度评价。徐悲鸿曾在郑燮的一幅《兰竹》画上题云：“板桥先生为中国近三百年最卓绝的人物之一。其思想奇，文奇，书画尤奇。观其诗文及书画，不但想见高致，而其寓仁悲于奇妙，尤为古今天才之难得者。”

关于扬州八怪的故事，在扬州遍地都是，随便刮阵风也可能刮来一个关于他们的故事。其中郑板桥的许多趣事更是为人所津津乐道。

有一次，一个富商也想附庸风雅，就上门请郑板桥为他画一幅兰花图。郑板桥平时就很瞧不起这家伙，有意借此作弄他一番。于是铺开白纸，先在纸的一角画了一丛丛的兰叶，可是连一朵兰花也没有；纸的另一角，则画了许多兰花，朵朵分散，全无叶片。这成什么样子呀？那富商又奇怪又生气。郑板桥哈哈大笑，随手又在纸上题了一首诗：“写来兰叶并无花，写出花枝没叶遮。我辈岂能购全局，也须合拢作生涯。”

那富商也识得几个字，读到后面两句，气得咬牙切齿，转身就走了。郑板桥是怎样骂他的呢？原来那家伙正是同官府勾结，大做投机生意的盐商。诗的最后两句意思是说，你们这些人有什么本事独自操纵全局呢？只不过是同某些人物“合拢”起来，去干那些见不得人的勾当罢了。

几天后，郑板桥的一位朋友来访，看了这幅怪画和题诗，不禁大笑。郑板桥说：“你喜欢就把它拿走吧。我还要再题几句哩。”于是他又提笔写了四句："昨宵神女降云峰，折得花枝洒碧空。世上凡根与凡叶，岂能安顿在其中？"开头两句是指画上一朵朵的兰花，后面两句是比喻——庸俗不堪的官商们，你们有什么资格接近高雅绝俗的兰花呢？

那幅怪画如今藏在何处，不得而知，但这两首诗却流传下来了。

苏州：柔美秀气，媲美天堂

苏州的美即使不亲眼去看，仅是凭着他人详尽的描述，你也会醉倒。苏州是个很精致的城市，精致之中凸显了其小家碧玉的气质。说其小家碧玉不错，柔媚的水，葱郁的山，还有小桥流水。但小家碧玉又还道不尽它所有的美好。

"上有天堂，下有苏杭。"同杭州一样，苏州也是人们常用来跟天堂媲美的一个城市，不过苏州更精致小巧一些。具有 2500 多年建城历史的苏州，长期受到吴越文化的熏陶，无论是水巷民居，还是民乐工艺，都很有江南味道，柔美而秀气。

苏州城始建于公元前 514 年，吴王夫差的父亲阖闾命前来投奔的楚国大臣伍子胥建吴国都城阖闾大城——水陆双棋盘格局的城池。公元前 221 年，秦始皇在吴都城设会稽郡、吴县，因此江苏被称作吴县或吴州。隋朝吴州被改名为苏州，以苏州的姑苏山得名，苏州的名称始于此。

苏州古城在朝代的一次次更迭中依然保持着"水陆并行、河街相邻"的双棋盘格局，水道"三纵三横一环"、"小桥流水、粉墙黛瓦、古迹名园"的风貌也在本来独特的地理环境中被不知不觉地塑造出来。宋代人说"上有天堂，下有苏杭"，明清时苏州就已是全国的经济中心之一而"衣被天下"。"风物雄丽为东南冠"，又是富饶之地，这若不是天堂，天堂又在何处？苏州的好便是让人觉得美丽的故事或者奇妙的字句，在这风景秀美如画的城市里看起来那么的清新而贴切，仿佛就该是在这里，在别处怎样都别扭，怎样都不适合。

中国"四大美女"之首的西施因貌美被越国将军范蠡献给吴王夫差，吴王从此便沉迷酒色，不理朝政，同时西施离间了吴王和伍子胥，使越国乘虚而入。一个柔弱的女子，担起了复国的重任，她的故事有着浓郁的传奇和巾帼的色彩。

▲苏州园林

最能体现苏州水乡文化特色的地方，是城西郊的枫桥古镇。这里保留着大量风貌古朴的明清建筑，家家临河而居，街道蜿蜒曲折，行人穿过街道上林立的店铺，可以直达古运河边上，风大的时候，走在街上，能够听到不远处传来清晰的波涛声。镇上还有一个存在了1400多年的古刹，就是著名的寒山寺。唐代诗人张继路过枫桥古镇，曾经写过一首《枫桥夜泊》："月落乌啼霜满天，江枫渔火对愁眠。姑苏城外寒山寺，夜半钟声到客船。"这首诗描述了让诗人心醉的枫桥夜景。今天的人们还在歌曲中传唱《枫桥夜泊》的美好意境，表达出人们对姑苏文化的景仰和向往。

将建筑、绘画、雕刻、花木盆景等元素融为一体的苏州园林，是这个城市的重要名片。作为名闻天下的"园林之城"，从很古老的年代开始，苏州就是达官贵人归隐生活的首选之地，因而给苏州留下了大片优美的山水花园。这些古典园林的杰出代表已被列入世界文化遗产。它们充满自然意趣和文化底蕴，成为城市生活的典范。

苏州园林的建设，是从2000多年前开始的，到明朝达到鼎盛阶段。苏州在很短的时间内诞生了数不清的园林庭院，明清时期，苏州城内外就有280多座。因为园林建设者具有很高的文化修养，这些园林也充满了中国传统的诗情画意。园中的假山池塘、花草盆景，都仿照山水画的特色设立，还有楹联、匾额之类的诗文，场景哪怕小巧，也都装点得十分精致。徜徉其中，仿佛品味一幅幅写意山水画卷，让人不忍离开。

作为“古典园林博物馆”的苏州，完好地保存着十几处名园，并对世人开放。苏州古典园林于 1997 年 12 月被确定为世界文化遗产。其中最著名的是宋代的沧浪亭、网师园，元代的狮子林，明代的拙政园和清代的留园等。这些园林延续着宋、元、明、清等各个时期的文化，呈现出不同的艺术特色，亭台楼阁、小桥流水变化无穷。被称为“江南园林精华”的拙政园山水明秀、花木繁茂，仿佛是把自然的山水搬了进来。400 年来，它几度易主，却依然清幽恬静，疏朗明快。而网师园则以少胜多，精巧而幽深，园内有园，景外有景，令人叹为观止。

苏州园林大都建在城中僻处小巷，与粉墙黛瓦的民居为邻。它们给喧嚣的城市生活提供了充满自然意趣的“山林”，使人们不到郊外就能享受到自然赋予的乐趣，给向往山野的人提供了一个生活理想。

大诗人白居易在苏州看到的则是“绿浪东西南北水，红栏三百九十桥。处处楼前飘管吹，家家门外泊舟航”。诗人杜荀鹤对别人讲起苏州则说：“君到姑苏见，人家尽枕河。故宫闲地少，水巷小桥多。”写苏州的诗词多如牛毛，但当属张继的《枫桥夜泊》最为著名：“月落乌啼霜满天，江枫渔火对愁眠。姑苏城外寒山寺，夜半钟声到客船。”因了这首家喻户晓的诗，源源不断的旅人都愿意在苏州寻找那座枫桥、在寒山寺聆听那洪亮的钟声。

苏州的美又不尽在园林。虎丘位于苏州城西北郊，相传春秋时吴王夫差葬其父于此，葬后三日有白虎踞其上，故名。虎丘塔现残高 48 米，是八角仿木结构楼阁式七层砖塔，是江南现存唯一始建于五代的多层建筑，总体布局因地制宜，建筑的风格与四周景物完美地融合为一体。白居易任苏州刺史时，曾凿山引水，并修七里堤，这一措施使得虎丘四周的景色更活泼，虎丘也因此显得更为秀美，被称作是“吴中第一名胜”。

中国十大名桥之一的宝带桥也在此地，始建于唐元和十一年至十四年，已经有千年历史。宝带桥长 316.8 米，桥孔 53 孔，是中国历史上最长的多孔石桥。刺史王仲舒主持建造它时，为筹措建桥资金，将自己身上的宝带捐出来，宝带桥之名由此而来。而桥又恰似一条宝带漂浮在河流之上，宝带桥的名字可谓名副其实了。

苏州城是一个古典的模范，其下辖的行政区内有三座历史文化名镇，分别是周庄、同里和角直。老去的时光在那些陈旧的房屋之内打着盹，古镇的节奏是缓慢而轻柔的，即使是做买卖的小贩也是安静的，好像是怕惊动什么似的。

周庄的景致有最古朴的味道，石砖铺成的路被时光的重量踩得下陷而不整齐，周庄少见那些被粉刷一新的房子，大多建筑的外表都有些泛黄。桥下是青色的水，舟楫在桥下穿梭，划船姑娘的歌声在水中荡漾出浅浅的波痕。

周庄里最著名的是流传的关于巨富沈万三的故事，却也不只沈万三，不大的周庄很多个屋檐之下都藏着一个好听的故事。

同里桥多水美，是典型的江南水乡，户户临水，家家通舟，因这一景象这里被冠以“东方威尼斯”的称号。同里的明清古居鳞次栉比，远远望去，古老建筑就好像是一件可以让人回味无穷的古老艺术品，历尽风雨沧桑，兀然独立。绝美的退思园也在镇子里。

角直古镇河水清清、环境幽雅，同是水乡古镇的角直桥和水的妙处与周庄、同里颇有相似，却也不尽相同。长久的历史磨灭了角直一部分的光辉，但是还依然能寻见其原先的风貌。叶圣陶先生是在角直这个摇篮里成长起来的，亲切地将这里称作“第二故乡”。

苏州是中国首个世界非物质文化遗产昆曲的故乡。昆曲的历史有 600 多年，诸如川剧、越剧等剧种都是接受了昆曲的滋养才渐渐成长起来的，于是昆曲不愧于自己“百戏之祖，百戏之师”的称号。昆曲最先在昆山形成了雏形，杰出的戏曲音乐家魏良辅对昆山腔的声律和唱法进行了改革创新，吸取了海盐腔、弋阳腔等南曲的长处，发挥昆山腔自身流丽悠远的特点，又吸收了北曲结构严谨的特点，运用北曲的演唱方法，从而使昆曲达到了新的高度。

昆曲在革新之后，迅速得到传播，人们对它的喜爱甚至到了如痴如狂的地步，每年的虎丘曲会都会万人空巷。在昆曲鼎盛的时期，它的流布范围遍及全国各地，独霸剧坛二百年。

当然，在经济飞速发展的今天，文化名城的古典宁静和现代科技的发展并不是矛盾的。我们无法忽略经济大潮给这个古典的城市带来的勃勃生机。在园林之外，苏州也是长三角有名的电子信息产品制造基地，有着巨大的经济活力，计算机、通讯、电子元件等一大批国际尖端的电子科技产业，正对整个长江三角洲产生强烈的凝聚效应。在长江三角洲的城市中，拥有古典园林和优雅生活方式的苏州，是最受台商青睐的城市之一。

常熟：虞山之巅，城市秀美

依山傍水自然造就了这个城市的秀美，得说水，也得说山，这虞山仿佛就像常熟的根基，这个城市最终结出的累累硕果又都落在了虞山之上。

关于虞山，得从一个故事说起。3000 多年前在渭水流域即如今的陕西岐山一带有一个非常强盛的周姓部落，首领就是周文王的爷爷古公宜父，他的三个儿子分别是泰伯、仲雍、季历，季历有个儿子叫昌，也就是后来的周文王，古公直父对昌的才气很是喜爱，常对人说："继我业者昌也。"因此古公直父很想把王位传给姬昌，泰伯和仲雍知道父亲的心意，为了让昌即位顺理成章，于是两兄弟离开了部落。他们来到了还是荆蛮之地的江南，因为兄弟俩把黄河流域相对先进的农耕技术和文化带了过来，所以受到当地人们的拥戴，建立了"勾吴"小国，泰伯为王，泰伯无后代，由仲雍接位。仲雍死后就葬在这山上。仲雍又叫虞仲，百姓为了纪念虞仲，就把此山改称为虞山。而虞仲也是吴文化的始祖。

▲虞山

与虞仲比邻安息的是言子，也就是我们所熟知的孔子的弟子，"孔门十哲"之一的子游。子游是孔子唯一的南方弟子，他学成南归，道启东南，被尊为"南方夫子"。

虞山之巅，有齐女少姜之墓，后世称之为齐女墓。少姜被嫁到当时的吴国时，太过于想回家乡而思念成疾，最后一命呜呼。

虞山还有吴国第一代国君周章墓，元代大画家黄公望墓，明代抗倭名臣王扶墓，明末民族英雄瞿式墓，明末清初一代文宗钱谦益墓，名妓柳如是墓，清代大画家、开创“虞山画派”的王石谷之墓，清同治、光绪两朝帝师翁同龢墓，清末民初文学家曾朴墓。常熟的一代名人大多落叶归根到虞山之上。

钱谦益作为一个诗人，清朝的一代诗风由他开创。作为一个史学家，他虽两次欲修明史未能如愿，但人们却认为“虞山（钱谦益）尚在，国史犹未死也”，可见在当时钱谦益这个名字对于史学来说是有多重的分量。作为一个文章家，钱谦益号称“当代文章伯”，是当时文坛的巨擘，《忠旧录》中就称他为王弁州（世贞）后文坛最负盛名之人。顾炎武、郑成功等都曾是他的学生。作为一个收藏家，他常不惜重金购求古本，著名藏书家赵琦美之脉望馆珍藏以及刘凤、钱允治、杨仪、赵用贤等四家遗书悉为其所得，为了收藏而专门筑了“绛云楼”。清初绛云楼失火，这实在是中国藏书史上一大损失。钱谦益自己以为：“汉晋以来，书有三大厄。梁元帝江陵之火，一也；闯贼人北京烧文渊阁，二也；绛云楼火，三也。”

“秦淮八艳”之首的柳如是原名杨爱，号影怜，因读辛弃疾词“我见青山多妩媚，料青山见我应如是”，故自号“如是”。虽为妓，却个性极强，不仅长袖善舞，而且在音律、绘画、书法、诗词方面也负盛名；更有着很高的民族气节，在明王朝危难之际，她尽全力资助抗清义军。这个奇女子是钱谦益的第二任妻子，明朝覆灭之后的一个夜晚两人驾一叶扁舟飘入西湖，柳如是道：“妾身得以与钱君相识相知，此生已足矣，今夜又得与君同死，死而无憾！”钱谦益受她的感染，道：“不求同生，但求同死，柳卿真是老夫的红颜知己啊！”柳如是拉着钱谦益要投河时，钱谦益忽然惊醒，吓得一身冷汗，道：“今夜水太凉，我们不如改日再来吧？”“水冷又何妨！”“老夫体弱，不堪寒凉。”钱谦益难舍此生，柳如是是了解的，也没有再逼他。可之后，钱谦益却剃掉了额发而降清，柳如是对其降清失节之事气得不行。再之后，钱谦益因案件受到株连入狱，柳如是在病中贿赂官员，上下打点，将钱谦益营救出狱。沉沉浮浮之后，钱谦益终于看破了红尘，淡薄了名利，与柳如是过上了美好的田园生活。

钱谦益 85 岁死于家中，当时柳如是尚不足 50 岁，但钱谦益尸骨未寒，他的良田美宅就被别人眼红了，他们欺负柳如是是个女流，就结伙聚众在门前闹事。原配陈氏等失宠多年，对柳如是恨之入骨，每日在柳如是门前咒骂，柳如是散尽了家中的财产却还是遭到毒骂，伤心欲绝，遂解下腰带而悬梁自尽，她死后未能与钱谦益合葬在一起，且被逐出了钱家的坟地，葬在了钱谦益与其原配之墓的百步之外，一座孤坟好不凄凉！

关于清同治、光绪两朝帝师翁同龢在清朝可算位高权重，他积极支持戊戌变法，在甲午中日战争中积极主战，这些都充分体现了他的爱国精神。但这个老头却有些迂腐，他不喜欢李鸿章，而把与他的恩怨延伸到了国事之中，克扣海洋水军的军费，直接导致了甲午中日战争的失败，而且在战争之前没有充分考虑双方实力的悬殊而贸然作战。纵观翁同龢的一生，其在政治上没有特别的建树，唯一可以称道的便是为清末四大奇案之一的“杨乃武与小白菜”平反昭雪。但翁同龢的书法和学问却是他身上永远的闪光点，在当时凭这两样便少有人能与他比肩。晚年闲居在家时，因仕途不顺心情很抑郁，但其书法却是突飞猛进，“书法遒劲，天骨开张。幼学欧、褚，中年致力于颜真卿，更出入苏、米。工诗，间作画，尤以书法名世。晚年沉浸汉隶，为同、光书家第一。”

常熟的破山寺，又称兴福寺为江南的四大明刹之一。唐常建有《题破山寺后禅院》诗：“清晨入古寺，初日照高林。曲径通幽处，禅房花木深。山光悦鸟性，潭影空人心。万籁此俱寂，但余钟磬音。”

常熟的沙家浜因为庐剧《芦荡火种》和京剧《沙家浜》而远近闻名，湖荡中菱荷相间，芦苇密布，古色古香的画舫载着游客穿行在芦苇迷宫中，湖光山色、芦苇低雁，恍惚之间仿佛还能料想到当年抗战时的景象。

虞山之下，紧靠市区的一片绿水名为“尚湖”，相传此湖因为当年姜尚也就是姜子牙曾在这里隐居垂钓而得名。尚湖风景秀美，历代文人都很喜爱这里，黄公望、沈周、唐寅、康有为、于右任、柳亚子等历代文人均有题咏传世。

常熟古城区东的宗教兴福寺塔，俗名方塔，始建于宋朝，沿袭唐代方形楼阁式木塔的形制，模样很是壮观雄伟。原有的寺庙一次次的毁坏，但是方塔却都奇迹般的保存了，一直屹立到现在。

常熟这块宝地，素来在文化上颇有造诣，“虞山画派”和“虞山琴派”等高雅艺术颇有成就，在民间，渔民号子和白茆山歌都是历史悠久的民间文化遗产，现在听来有种说不出的妙处，歌声里慢慢地流露出一种吴地的古朴味道。

淮安：第一佳味，天下至美

在夏商周时期，淮安就已经得到了一定程度的开发。“交通灌溉之利甲于全国”，既有邗沟沟通江、淮，又有陆上千道沟通南北，所以是春秋时期的兵家重地。在秦末农民大起义中，淮安人民也参与了，著名的军事家韩信就在这个时候参加起义，立下了赫赫的战功。秦汉时期，境内农业生产条件特别是灌溉条件得到显著改善。东汉末年，广陵太守陈登筑高家堰（今洪泽湖大堤）30 里，遏淮河洪水，保护农田，并修破釜塘灌溉农田。此时被推广的铁制农具和牛耕对农业生产也有了较大的贡献。同时交通运输也有改善。由此，承平之年，境内手工业和商业比较繁荣。由于经济的发达，文化也发展到较高水平，汉代兴起了家学和私学，涌现出一批文学大家，如汉赋大家枚乘、枚皋父子，“建安七子”之一的陈琳，都在这个时期如同星辰般闪耀着光芒。

▲淮安市河下都天庙

南齐永明七年，割直渎、破釜以东，淮阴镇下流杂 100 户，置淮安县。这就是“淮安”的名称被使用的开始。在这一时期，由于境内长期处于安定的环境，经济得到了持续发展。大运河的开凿和淮北盐场的建滩对淮安的繁荣功不可没。大运河建成后，淮安境内成为漕运重要孔道。在鼎盛时期，淮安和苏州、扬州、杭州一起被称为明清时期运河沿线的“四大都市”。自隋朝开始一直延续到清末，朝廷一直在淮安设置官署，委派大员掌管、督办漕运，可见对其的重视程度。唐初，涟水成为全国四大盐场之一。为运销淮盐，垂拱年间开运盐河，淮安盐运又兴，楚州成为运河沿线的名城，其中楚州被白居易誉为“淮水东南第一州”，素有“襟吴带楚客多游，壮丽东南第一州”的说法。

尽管从南宋开始市境就因为战事而开始衰败，但在太平之年的宋元时期，淮安一带的文化还是有相当的发展，普遍建立府、州、县学，受教育者也逐渐增多。文化程度的普遍上升促使了文化名人的诞生，“苏门四学士”之一的著名诗人张耒，主修《奉元历》的著名盲人天文历算家卫朴，开明清写意画先河的著名画家龚开，《画鉴》作者、著名书画鉴赏家和理论家汤垕等都在这一时期出现了。特别值得一提的是盱眙第一山的宋元题刻，其中不乏苏轼、黄庭坚、米芾、蔡襄等大家的珍品。文化的繁盛可见一斑。

淮安楚州区与扬州为淮扬菜的主要发源地，淮扬菜与鲁菜、川菜、粤菜并称为中国四大菜系。

淮扬菜历史悠久：始于春秋，兴于隋唐，盛于明清，素有“第一佳味，天下之至美”之美誉。淮扬菜系是淮安（今楚州）、扬州、镇江三地风味菜的总称；“淮”即淮菜，以淮安（今楚州）为代表，“扬”即扬菜，以扬州、镇江一带为代表。淮扬菜系形成于明清而尤以清时为盛。在明清以前，淮安（今楚州）、扬州都是全国有名的大都市，都有各自的饮食文化传统。明清以后，淮菜和扬菜开始相互渗透、逐渐融合，并糅合南北风味于一炉，形成了统一的菜系。在清代康乾年间，借势于两代皇帝的频频南巡，乾隆年间淮扬菜系已经成为全国四大菜系之一。

乾隆、嘉庆年间有关淮扬宴席的众多文献表明，淮扬菜在明清时期，无论是菜肴还是规格，都发展到了一个高峰。到了新中国，很多标志性事件的宴会也都是淮扬菜唱主角。据资料，1949 年中华人民共和国开国大典首次盛宴、1999 年中华人民共和国 50 周年大庆宴会、2002 年江总书记宴请美国总统乔治·布什等，都是以淮扬菜为主。

就像西汉辞赋大家枚乘的代表作《七发》中所盛赞的，家乡江淮一带的食馔：“雏牛之腴，菜以笋蒲。肥狗之和，冒以山肤。楚苗之食，安胡之饭。抟之不解，一啜而散。于是使伊伊煎熬，易牙调和。熊蹯之臑，芍药之酱。薄耆之炙，鲜鲤之脍。秋黄之苏，白露之茹。兰英之酒，酌以涤口。山梁之餐，豢豹之胎。小饭大啜，如汤沃雪。此亦天下之至美也……”如此“天下之至美”的菜肴，难怪许多名人爱好它。

厦门：优雅城市，音乐之岛

在福建的东南海域，有一个三面环海的海湾小岛，这就是厦门。厦门是一个很特别的城市，似乎受到了大自然格外的优待。阳光、海滩、船帆、涛声、钢琴、古建筑，各种美妙的元素在这里一样都不缺少。这个城市很小，很安静，也很清洁，天空永远是干干净净的，一切都很透明。阳光也温和，即使到了冬季，厦门的气温白天也有20度左右，人们只需在衬衣外面加上一件外套，就能去海滨散步。游客行走在小巧玲珑的街道和建筑之间，观赏着优雅的城市风貌，就像回到了自己的家，亲切而舒适。

厦门的旅行和休闲都离不开鼓浪屿。鼓浪屿是厦门旅游的核心，岛上留存着黄氏大夫第、莲石山房等体现中国清代传统建筑特征的民居，同时又有许多欧式古典建筑，包括商行、公馆、教堂、别墅、学校、领事馆等，有些建筑的设计图是直接从欧洲带来的。比如鹿礁路的天主教堂，完全是欧洲中世纪哥特式教堂的风格，这些老建筑被风景秀丽的海岛环抱着，给人世外桃源一般的感受。鼓浪屿的小巷子都是曲折的，拐弯的地方能看到波涛汹涌的海岸。岛上通常也很安静，除了旅游观光车外，很少看到其他车辆。人在岛上随意地走动，停留在闽南特色的老院子跟前，能看到院子里铺着的青石板和年代久远的榕树，它们散发着古老的气息，衬托出岛上生活的安谧。经常还会有悦耳的钢琴声，从海边的小楼里飘荡出来，引得行人驻足倾听。大概是跟美丽的环境有关，鼓浪屿音乐史很久远，岛上钢琴很多，被称作“音乐之岛”。

作为海滨城市，厦门的空气质量极为高，商旅的人到了这里，觉得呼吸都是甜的。生活在东南海域的厦门人，是中国内地少有的几个喜欢饮茶的城市人群之一，而且饮茶的历史悠久。这种民风的背后，是城市优雅的环境和闲适的生活节奏。厦门很整洁，让居民能够享受户外泡茶的乐趣，把喝茶当作生活中一件重要事情来做。厦门也有不少茶馆，只是除了外来的商旅人士，当地居民很少去茶馆，他们更多的是在自家门口临街摆上方桌，邀请几个好朋友，泡着功夫茶，轻声交谈。到厦门商务或旅游的人，会不可思议地发现似乎满街都是在家门口泡茶的人，好像没有什么事情比

▲厦门鼓浪屿风光

这个更重要。

厦门的老城区，如中山路、镇海路、大生里一带，是集中代表厦门风情的地方。最繁华的中山路，街道不长，却汇聚了十多家茶叶店。临近的镇海路、大生里，也都被开发成热闹的商业街，但店主人并不着急招揽生意，只是很随意地在店门口摆上小茶桌，或端着小巧的茶杯，慢慢品尝，或跟旁边的商户聊着家常，看到有客人进来，才笑着迎上去。老城区的街道，很多保持着古旧的建筑，比如厦门博物馆一带的房子，不仅古老，房子与房子之间的距离也很狭小，甚至伸手可摸到对面的阳台。顺着博物馆的巡司顶巷下到山脚的老城区，建筑的屋顶形成了“一线天”的景观。巷子里经常会有居民围坐着，喝茶聊天，他们的头顶，密布着像网一样的电线，电线从这端伸出来，又连接着那边的老房子。

泉州：天然良港，海风温暖

“百宗齐聚誉邹鲁，涨海声中万国商。飞天迎宾环刺桐，安溪谷雨观音香。”无论何时，诗人的笔触总能予人憧憬。在晨曦中缓缓步入这座城市，海风是这样温暖，耳边尽是闽南语特有的韵味。若是此刻能捧上一杯清茶面海而坐，相信每一个粗通文墨的人，都能感悟到当年海子的情怀吧？

阳光洒下，鲤城泉州就这么在人们的面前慢慢苏醒了……

泉州地处福建省东南部，拥有长达421千米的海岸线，是一个天然的良港。这里水深域宽，适合各种大船停靠。历史上，从泉州港口开出的货船，装载着丝绸和瓷器等物品前往印度洋沿岸，然后进入波斯湾地区，形成了一条连接亚、非、欧、美的海上大动脉，一派繁华热闹。

频繁的贸易让泉州见证了不同民族文化的交流融合。中原汉人往泉州的迁移，促进了先进生产工具和造船技术的传播，也使泉州与海外地区的海上交通成为可能。唐代中叶，海上丝绸之路成为了丝绸外销的主要途径。宋元全盛时期，泉州港更是一跃成为世界上最大的港口之一。不同肤色、不同服饰的外国商人和中国商贾，云集在泉州街头，码头上进口的香料、珠宝，出口的丝绸、瓷器，堆积如山，各国的商船以及前来进贡朝廷的诸侯国使者，都集中在这个盛大的海港。北宋末年，官府在泉州设置来远驿，专门接待来华外国使节。一些外国商人，聚居在泉州城南一带，形成了“蕃人巷”。

元代，泉州是中国最重要的港口。当时与泉州有海上贸易往来的国家和地区达一百多个，中国和东南亚、南亚、西亚、非洲和欧洲各国的交往相当频繁。往来的商船为东南亚各国带去了养蚕取丝的技术、精美的宋瓷和青花瓷，也为中国带来了东南亚的染料、埃及的历表、印度的香料，还有药材、犀角、珠宝、钻石和许多珍禽异兽。商船来来往往，每次能装载两三百吨货物，扬帆出海，十分壮观。因为拥挤和超载，当时有些运载货物的商船刚出港口就沉没了，今天泉州港口附近还有百余只沉船，沉船上有大量宋元明清时期的瓷器。

同其他港口城市一样，泉州至今还保存着海岸文化交流重镇的历史与遗迹，其中包括因港口形成的桥梁建筑，比如中国第一座跨海石桥——洛阳桥。这座桥梁是世界上第一个成功将生物学和工程学综合运用的工程，它首创了筏形桥基，并且采用种植牡蛎的方法加固桥基。泉州还有中国古代最长的跨海石桥安平桥，全长2250米，直接从码头插入海岸，供人和货物进出。透过这些桥梁，人们看到了港口昔日的繁荣。古泉州的其他建筑，也体现着中外文化艺术的相互渗透。比如泉州的清净寺，圆形的穹顶、尖拱形的大门，具有十分浓郁的伊斯兰宗教建筑风格，细部结构却又有中国古代建筑的特点。各国商客不同的宗教信仰和生活习俗给泉州留下了丰富的遗迹，联合国教科文组织把泉州确定为“世界多元文化展示中心”和“世界宗教博物馆”。

▲泉州港风光

这些宗教遗迹，是泉州发达的海上贸易促成的文化遗存，也与从事航运的人们特有的海神崇拜有关。人们从泉州港口出海时，常在泉州西郊九日山麓的廷福寺举行祈风仪典，祈祷中外商船都能平安地抵达或归来。人们同时还拜祭女性海神妈祖。由于泉州港口的地位和影响，泉州迅速成为妈祖信仰的传播中心，并在华人世界具有广泛的影响。祈风和拜祭仪式中，人们会在岩石上刻上祈祷的记录，长时间以来形成了宝贵的祈风遗迹。这些石刻是泉州海外交通的重要史迹，记载了泉州港同东南亚、印度洋、波斯湾、红海和东非等地区的海上贸易史及民间友好交往史，是现存中国古代海外交通史不可多得的重要物证，堪称海上丝绸之路的丰碑。

济南：天下泉城，泉水之都

济南，是中国环渤海地区南翼和黄河中下游地区的中心城市。济南历史文化底蕴深厚，有着2700余年的历史，素有“天下泉城”、“世界泉水之都”美誉，是象征中华文明重要起源的史前文明——龙山文化的发祥地和发现地。继济南全运会取得圆满成功后，2013年济南举办第十届中国艺术节，并成为2015年“第二十二届国际历史科学大会”的主办城市，为济南加速建设国际大都市注入了新的活力。

济南是闻名世界的史前文化——龙山文化（距今5000年左右）的发祥地，城内藏着很多文化遗址，比如新石器时代的城子崖，建造年代比秦朝的长城还早的齐长城，中国最古老的地面房屋建筑汉代孝堂山郭氏墓，还有被誉为“海内第一名塑”的灵岩寺宋代彩塑五百罗汉等等。不过，济南最为人们熟知的，还是那里千姿百态的泉水。

济南泉水的历史比城市的历史还早，自从这里有人类居住，泉水就一直存在着。几千年来，几百处泉水汩汩地流淌着。当城市日益繁华，泉水也得到了保护，成为可以饮用、可以观赏的美丽景观。济南的泉形态丰富，水质清冽，像一块块翡翠一样镶嵌在城市之中。这些泉水有的形状奇特，有的声音动听，很多还跟历史上的名人和历史事件相联系，成为文化

▲济南趵突泉

名城里不可多得的名胜古迹。

济南的泉水中，最负盛名的是趵突泉、五龙潭、珍珠泉、黑虎泉四大

泉群，这些泉群的流量和露出的地形不同，但水质都一样出奇。济南的泉水来源于市区以南的山区，那里的岩石是约4亿年以前形成的石灰岩，大量的雨水和地表水通过溶沟、溶槽、溶洞、暗河和钟乳石渗入地下，向济南运动，被地下坚固的火成岩阻挡，积蓄起来，进入济南老城区，然后穿过地表，喷涌而出，形成众多泉水。泉水中的悬浮物质很少，喝起来清洌甘美。据说清朝的乾隆皇帝两次南巡，一路上饮用的都是趵突泉水，趵突泉因而获得“天下第一泉”的美名。

趵突泉泉群位于济南旧城西南，东西约700米，南北约250米，以趵突泉、白龙湾为中心，共有泉水34处。传说是一个叫鲍全的青年救了龙王的哥哥，从龙王那里得到了一只白玉壶，里面的水永远也倒不完，埋入地下就变成了趵突泉。

趵突泉是汇入黄河的泺水之源，泉水从三个泉眼里喷出，声音像打雷一样。若干年来，众多文士名流都前来观赏，并且留下了大量珍贵的诗文赞美它。趵突泉西南有一个明朝的观澜亭，亭前的水中还有一块碑石，上面刻有“趵突泉”三字，是明朝书法家胡缵宗的真迹。清代的康熙、乾隆两个皇帝都曾在泉池北岸的蓬莱社喝茶赏泉。

五龙潭泉群在旧城西门外，以五龙潭、古温泉为中心，共有泉水21处。珍珠泉泉群位于旧城中央，共有泉水10处。黑虎泉泉群位于旧城东南隅，在南护城河的两岸和河床露出，以黑虎泉为中心，共有泉水14处。这些泉水有的以流量大著称，有的以味道甘美闻名，有的以水质澄明清澈为特点，每一处泉水背后都有美妙的故事，寄托了这个城市里的人们对泉水的美好向往。济南的市民是伴着泉水长大的。在他们看来，泉水是滋养他们的血脉，也是城市的灵魂；如果没有泉水，这座古城就丧失了很多灵气和活力。

千姿百态的泉水从济南的大街小巷流过，进入千家万户。它们穿墙而过，流入庭院，居民不用出门，从窗口下就可以取水，极有情趣。古人曾经形容济南家家有泉水、户户有垂杨，现在看来一点也不夸张。隐藏在济南民居当中的泉水更是不可胜数。济南的老城中心著名的王府池子泉就是一个深藏在老济南民居当中的泉，在济南家喻户晓。地方不大的济南老城区，却拥有33处泉水，历代被列为72名泉的就有16处。一条条石板路连接的民居之间，泉水从门前流过，偶尔还有洗衣的妇女，拿着棒槌在石板上捣衣，给人一种身在江南的感觉，老济南的风味就这么呈现出来了。

哈尔滨：朔风劲吹，满眼银白

北方的雄劲和南方的委婉不同。南方的大地还洒满了金灿灿的阳光的时候，北国却是银装素裹的景象，南方的雪花刚划出几条弧线，北方却早已冰冻三尺。迥异的天然景象让看多了小桥流水人家的南方人心里痒痒，朔风劲吹，满眼银白，高大的冰雕，五彩的冰灯，这些陌生的景象无疑会在心里闪闪发光而衍生出无限的向往。而哈尔滨这个城市更是集合了东北大多数城市的美好。

地处中国大地的北端，哈尔滨的冬天漫长而寒冷，一年当中有四个月是冰天雪地。这种得天独厚的优势，使哈尔滨成为著名的冰雪旅游胜地，

▲哈尔滨冰雕节

雪雕、冰灯、松花江冬泳、高山滑雪等冰雪文化运动在国内外享有盛誉。

金这个朝代的根是长在这里的。公元 1115 年，金代在上京（哈尔滨阿城区）建都，史称金代上京会宁府，1153 年海陵王完颜亮才迁都燕京。而在其他朝代，皇帝对哈尔滨这个寒冷的地方没有多大兴趣。20 世纪之

前，这里还是个渔村。20 世纪初，哈尔滨的景象还是一派安静的景象，没有一丝大城市的模样，而且这里多数的建筑都是俄式的样子，可见这个地方被中国冷落得太久。可是，后来发生的一系列事情是哈尔滨人没有想到过的，这里的模样和地位发生了太迅速的转变。1905 年，日俄战争期间，哈尔滨工业急剧发展，人口剧增。异国情调的建筑更是如雨后春笋般的拔地而起。20 世纪，哈尔滨成为国际性的商埠。

哈尔滨是我国马克思主义思想传播较早、工人和学生运动比较活跃的城市之一。1932 年，哈尔滨沦为日伪统治区，日本把东北看成是它以战养战的生命线，作为亚洲近代史上唯一一个工业化国家，日本大力开发东北，特别是一系列近代化交通系统的建立以及一系列重工业企业的建立，使得东北地区成为近代亚洲除日本以外的第二强。哈尔滨的工业也正是在那个时候得到初步发展，之后成为全国重要的重工业城市。

在中国共产党的领导下，先后涌现出赵尚志、杨靖宇、李兆麟、赵一曼等名垂千古的民族英雄和革命烈士。这些在哈尔滨抛头颅、洒热血的烈士为了革命的胜利而不畏艰苦，甚至在敌人的刑具面前还正气凛然，中国人的尊严在他们的鲜血里是那么的光鲜闪亮。

1946 年，哈尔滨成为中国最早解放的城市。1950 年，毛主席称哈尔滨为“共和国长子”。

冬季的哈尔滨，人们用自然的冰雪创造出了无限的欢乐。各式各样的雪雕洁白美丽、惟妙惟肖，每件都是难得的艺术品。国外不少优秀的冰雕艺术家，也常常在每年 12 月到翌年 2 月的冰雪节期间赶到哈尔滨，参加冰雕创作。哈尔滨的冰雪大世界，汇聚了各国艺术家的冰雕作品，被称作“冰雪迪斯尼乐园”。这里冰雪艺术景观最多、冰雪娱乐项目最全、夜晚景色最美，活动也最精彩。除了观赏冰景奇观外，还可以体验冰酒吧、冰旅馆、雪地摩托车、攀冰岩、滑雪、雪地激战等。

哈尔滨是中国冰灯艺术的发祥地。冰灯艺术博览会自 1963 年创立，迄今在兆麟公园成功地举办了 33 届，先后创造了 7 项吉尼斯世界纪录，是目前世界上形成时间最早、规模最大，并已成为传统项目的大型室外冰灯艺术展。巧夺天工的冰灯艺术，是大自然与人类智慧相结合的美丽产物，它让严冬里的哈尔滨散发着绚丽的光彩。

冰灯通常是和建筑融合在一起的。哈尔滨是颇具欧洲风情的中国城市，其市内建筑中西合璧，具有浓郁的东欧情调，素有“东方莫斯科”之称。庄严雄伟的圣·索菲亚教堂、神秘典雅的尼古拉教堂、造型奇巧的俄罗斯木屋以及全部欧式建筑的中央大街，都彰显出哈尔滨独特的建筑魅力。

中央大街是哈尔滨的欧式建筑中最具代表性的地方。人们漫步在这条街上，会觉得自己是在一个欧洲城市。这条亚洲最长的步行街，浓缩了哈尔滨的历史和美丽。中央大街是哈尔滨的标志性街道，它融建筑艺术、商业、文化、旅游等多种功能于一体。在 20 世纪 30 年代的时候，它是远东最著名的移民街，街道两侧洋行商店、饭店旅馆、舞厅影院、餐馆酒吧林立。在建筑上，更是荟萃了文艺复兴式、巴洛克式、新艺术运动建筑等多种风格，体现了西方建筑艺术的精华。如今，哈尔滨对中央大街进行了大规模欧式化修复。当人们在这条艺术走廊穿行的时候，不时会听到索菲亚教堂传来的钟声。

每年冰雪节期间，中央大街上到处都是冰雕雪塑，进入其中，仿佛到了一个神奇的童话世界。这里用冰建造了冬宫、彼得城堡、红场甚至冰雪驿站。很多游客还选择在冰雪驿站里住宿。

冰天雪地的哈尔滨，还有更让人出乎意料的：在零下十几摄氏度的天气里，竟然还有人跳进松花江冬泳。如今，这样的冬泳场景也成了哈尔滨值得一看的旅游奇观。一般的游客是不敢尝试冬泳的。但冰雪世界总能让人找到适合自己的欢乐。在松花江上可以驾冰帆、坐雪橇，还有各式各样的滑雪场，能够让人痛快地体验雪上飞驰的感觉。

曲阜：孔孟故里，邹鲁遗风

曲阜市古称鲁县，是周朝的鲁国国都。“曲阜”之名最早见于《礼记》，尧舜时代，曲阜属九州之一的徐州。商朝前期，曲阜名奄，第十八任商王南庚，迁都于此。武王灭商，将胞弟、宰辅周公旦封于曲阜，立国为“鲁”。周公制礼作乐的业绩卓著，于是成王赐予鲁国大批典章文物。甚至在周公死后，准许鲁国建立太庙，郊祭使用天子礼乐。鲁国一向恪守周礼，重视保存古代文化，春秋末期的古代礼乐仍然完整地保存着。曹操写过的“周公吐哺，天下归心”，就正是在说周公辅佐成王的事迹。周公作为千古人臣典范，史称“元圣”。现在曲阜城的东北角，就是祭祀周公的周公庙。

周代曲阜为鲁国都城。这时期是曲阜历史上的黄金时期，是当时全国文化较发达的城市之一。由于鲁国文化高度发达，“鲁”字到今天依然能作为山东省的简称。在春秋末期，一颗明星在天空冉冉升起——孔子出生在鲁国陬邑昌平乡。他打破了“学在官府”的传统，在鲁国创办私学，聚徒讲学，传授“六艺”，诲人不倦，鲁国俨然成了全国的教育中心。孔子带给曲阜的并非一时的辉煌，从那时起，曲阜就已被深深铭刻在华夏文化

▲曲阜孔庙

的历史丰碑之上。

《尔雅·释名》说：“大陆曰阜。”曲阜这个名字的出现，则是隋文帝开皇十六年，诏改县名，从此“曲阜”一名，作为地理名词一直沿用至今。

春秋末期，孔子出生在鲁国陬邑昌平乡。他适齐仕鲁，周游列国，积极从事政治活动。一生弟子三千，颜渊、闵子骞、冉伯牛、宰我、子贡、冉有、季路、子游……这一个个如雷贯耳的名字，可都是至圣先师的弟子呢。到了晚年，孔子又删《诗》《书》，订《礼》《乐》，赞《周易》，修《春秋》，为文化事业作出了极为重要的贡献。而他“祖述尧舜，宪章文武”，集夏、商、周三代文化之大成，创立的“重仁尚礼”儒家学说，更是把中国文化推向一个高峰。

孔子作为儒家文化的奠基人，更是世界十大历史名人之首，其影响力

一直持续到现在。邹，孟子的故乡；鲁，孔子的故乡。邹鲁喻指文化昌盛之地。“邹鲁遗风”表示孔孟遗留下来的儒家风气。“仁”是儒家思想的核心，含义极其广泛，本指人与人相互亲爱。《论语》宪问篇有：“仁者必有勇，勇者不必有仁。”是说有仁德的人必定勇敢，勇敢的人不一定有仁德。后来梁高祖说过，“今见勇者有仁，可谓邹鲁之风。”说明他看到的不但仁者勇敢，而且勇者也有仁德，正是儒家留下来的好风气所致。

提及曲阜，便得提及孔子，而提及孔子，谁能略过《论语》？关于《论语》，三言两语绝对不能道尽，“半部论语治天下”算是最为著名的典故了。宋初宰相赵普，人言所读仅只《论语》而已，太宗赵光义因此问他，他说：“臣平生所知，诚不出此，昔以其半辅太祖定天下，今欲以其半辅陛下致太平。”此言在之后的千百年间被广为流传，亦进一步说明了它在历史上的重要地位。

到了今天，儒家思想依然充斥在我们日常生活中，加上最近国学大有振兴的势头，来到曲阜瞻仰孔子的人愈发地多了起来，更多人领略到了“三孔”的风采。

孔庙始建于周，是世界上2000余座孔庙中最大的一座，在中国的宫殿式建筑中也是闻名遐迩。孔庙现占地14万平方米，三路布局，九进庭院，贯穿在一条中轴线上，左右作对称排列。整个建筑群包括五殿、一阁、一坛、两堂、17座碑亭，共466间，分别建于金、元、明、清和民国时期。主体建筑大成殿，重檐九脊，黄瓦飞甍，周绕回廊，为东方三大殿之一。1200余株古桧苍翠欲滴，庄重威严，自然天成。汉以来的历代碑刻1040多块，连同大量书、画、牌、匾等珍贵文化遗存，不仅是儒家文化的载体，更镌刻了中华文明的沧桑足迹。

孔府是孔子嫡系长支世代居住的府第，是中国现存历史最久、规模最大、保存最完整的衙宅合一的古建筑群，有“天下第一家”之称。这可是世界上现存最为显赫的贵族府第。

孔子去世以后至宋代以前长子长孙依庙居于阙里故宅，看管孔子遗物，奉祀孔子，称“袭封宅”。随着儒家文化在中国封建社会变得越来越重要，历代的皇帝对孔氏子孙一再加官封爵，赐地建府，所以孔府现占地已经达到了12万平方米。居住在这里的衍圣公主要职责是护卫孔子林庙、代表国家祭祀孔子。孔府因此保存了众多的祭祀礼器，最为著名的是清康熙皇帝和乾隆皇帝分别颁赐的中和韶乐乐舞具和商周十供。衍圣公世代恪守“诗礼传家”的祖训，着意收集历代礼器法物，藏品达10万余件，尤以孔子画像、元明衣冠、衍圣公及夫人肖像著称于世。孔府最著名的珍藏还有明清文书档案，它是孔府400余年各种活动的实录，达30万件，是中国数量最多、时代最久的私家档案，对于研究中国明清史特别是明清经济史具有重要价值。

孔林作为家族墓地，也堪称世界之最。从孔子的“葬鲁城北泗上”之后，孔氏子孙接冢而葬，2000多年从未间断。孔林的墓冢多达10万余座，是世界上延时最久、规模最大的家族墓地。现占地200余万平方米，不可谓不惊人。

孔子去世后，“弟子各以四方奇木来植，故多异树，鲁人世世代代无能名者”，林内现有树木10万余株，其中200年以上古树名木近万株。孔林里种植了百余种奇花异草，可以说是一座天然植物园。它还是一座集墓葬、建筑、石雕、碑刻为一体的露天博物馆。历代王朝为褒扬儒学，不断增拓墓园，辟神道，筑周垣，建林门，刻石仪；子孙也代代薄葬，立碑刻石。林内现有金、元、明、清至民国历代墓碑4000余块，是我国数量最多的碑林。除汉碑移入孔庙外，还有李东阳、严嵩、翁方纲、康有为等明清著名书法家题写的碑文。丰富的地上文物，对于研究我国墓葬制度的沿革，对于研究我国古代政治、经济、文化、风俗、书法、艺术等均具有很高的价值。

长沙：湘江北去，橘子洲头

湘江北去，橘子洲头。长沙城不仅诞生了许多伟人，更因它的两千余年历史而引人注目。也许在整个华夏文化的发展中，长沙并没有太多让人为之惊奇的大事件，但就是这份平稳和安定，让长沙这座城有着自己独特的气质。

长沙是一座有2000余年悠久文化历史的古城，又是中国历史上在同一地址建城时间最长的城市，自春秋战国建城到今天，城址一直未变，这一点足以让人称奇。由于楚文化及其传承的湖湘文化的深厚底蕴，以及屈原和贾谊的影响，长沙素有“楚汉名城”、“屈贾之乡”的美称，众多文人墨客汇聚于此；又由于毛泽东、刘少奇等现代中国领袖在这里度过了他们的青春岁月，长沙也是一座革命名城。不过长沙让人吃惊之处还不在于此，而是它利用深厚的文化积淀，在中国大地上上演着的娱乐盛宴。从“玫瑰之约”“快乐大本营”到具有较高声誉的金鹰电视艺术节，以及挑动全民视觉的“超级女声”，生长在长沙的电视艺术，总是以湖南人特有的幽默和热情，不间断地在国内掀起热浪。让人在追寻着伟人的足迹游历长沙的时候，总会不自觉地想到更多。

在了解长沙的大众文化之前，让我们先感受一下长沙的传统文化。长沙历史文化积淀的深厚是毋庸置疑的，距今2000多年的长沙马王堆汉墓是中国汉文化最集中、最完整、最完美的代表，再现了西汉“文景之治”时期的政治、经济、科学、军事、文化、艺术等方面的发展水平，是西汉文明的形象缩影。橘子洲西边的岳麓书院是世界最早的高等学府，从诞生之日起就以办学和传播学术文化闻名。它历经宋、元、明、清各代，至清末光绪二十九年（1903），改为湖南高等学堂，1926年正式定名为湖南大学，历经千年，文脉相承。书院不仅有历代皇帝御赐的匾额，在整体建筑上也完整地展现了中国古代文化建筑气势恢弘的景象。岳麓山下的爱晚亭，与滁州醉翁亭、杭州湖心亭、北京陶然亭，并称中国四大名亭，唐代诗人杜牧“停车坐爱枫林晚”的诗句正是赞美它的。

▲岳麓山爱晚亭

书院文化对长沙的影响和湖湘文化的发展功劳很大。有人说今天湖南娱乐文化的发展，也是消化吸收这些文化元素之后寻找到的一条最接近民众心理和符合人性需求的文化传播渠道。长沙是一个崇尚娱乐文化的城市，最早红火的歌厅文化搞活了演出市场，丰富了人民的生活，在中国内地开风气之先。这种贴近生活、幽默风趣又形式多样的歌厅模式，后来成为不少城市竞相效仿的对象。近年来长沙的电视娱乐文化与这种歌厅文化有着深厚的渊源。长沙的电视娱乐节目，闻名全国的制作包括“快乐大本营”“玫瑰之约”“谁是英雄”等。这些节目也受到了生活在中国的外国友人的欢迎，他们经常被邀请参加现场录制。长沙似乎是娱乐文化的一个试验地，在长沙得到认可甚至宠爱的，就有在中国其他地方推广蔓延的趋势。

超级女声电视 PK 赛，时刻牵动着亿万电视观众的神经。这个以选拔女生歌手为主题的娱乐活动，被传媒认为是培养中国本土歌手的大众舞台。比赛把那些追星族的尖叫、歌手的眼泪、媒体的炒作等元素统统调动起来，打造出了省级卫星电视收视率的神话。今天的长沙，充满时尚的朝气与活力，在坚守传统的同时，也将大众娱乐进行到底。这是一个制造快乐的城市。

岳阳：登楼览胜，凭栏抒怀

“洞庭天下水，岳阳天下楼”。岳阳楼的前身相传曾是东吴名将鲁肃所建的阅军楼，阅军楼在两晋、南北朝时被称为巴陵城楼，在唐朝时巴陵城已改为岳阳城，巴陵城楼也随之称为岳阳楼了。传说唐开元四年张说被贬到岳州后决定重修岳阳楼，找来的是手艺高强的李鲁班，可是怎样也设计不出与洞庭水的磅礴气势相得益彰的岳阳楼，最后是一位据说是鲁班的徒弟得仙人老者指点才有了此等名胜。

张说来守岳阳期间，常与文友登楼览胜，凭栏抒怀。在文学十分鼎盛的时期，岳阳楼的名声随着那些诗篇不胫而走。之后李白、杜甫、李商隐、白居易、韩愈、马致远等名家也慕名而来，将情思融于字字句句之间从而在漫长的历史中装饰着这座洞庭湖畔的名楼。

宋庆历四年，滕子京被贬至岳州，看着几乎已为废墟的岳阳楼遂有了重修之意，而且他认为：“楼观非有文字称记者不为久，文字非出于雄才巨卿者不成著。”于是便请范仲淹为其作记，于是名垂千古的《岳阳楼记》便面世了。这篇佳作更是将岳阳楼的名声推到了极致，从此一直保持着显赫的地位，游人络绎不绝。

人们把范仲淹作记，滕子京重修岳阳楼，大书法家苏舜钦书写了《岳阳楼记》和邵竦篆刻并称为“天下四绝”，而滕子京立的“四绝碑”至今仍保存完好。

▲岳阳楼风景

在1000多年的历史之中，岳阳楼经历了几番的沧桑巨变，屡修屡毁又屡毁屡修。

岳阳楼与江西南昌的滕王阁、湖北武汉的黄鹤楼并称为江南三大名楼，并名列其首。岳阳楼构置雄伟，气势壮阔，金碧辉煌，远远观之，好像一只展翅欲飞的鲲鹏。因岳阳楼是不可多得的奇美建筑，得到了众多文人墨客的青睐。

在唐之初，对岳阳楼留恋最久、往来次数最多的大概该是李白了，他留下了《与夏十二登岳阳楼》等名诗，例如“水天一色，风月无边”的短联虽仅有八字却也让人有无限的遐想。

“昔闻洞庭水，今登岳阳楼”的杜甫也在此写下了千古名篇《登岳阳楼》。而一代伟人毛泽东就手书了这首诗，并保存在岳阳楼内。传说八仙之一的吕洞宾南游至此，曾三醉于楼上。楼左右所建的三醉亭和怀甫亭就是为了纪念这两位而建。

关于岳阳楼，没有什么比岳阳楼内的一副对联更能简练而详尽的来描绘它了，其上联为：“一楼何奇？杜少陵五言绝唱，范希文两字关情，滕子京百废俱兴，吕纯阳三过必醉。诗耶？儒耶？吏耶？仙耶？前不见古人，使我怆然涕下！”下联为：“诸君试看：洞庭湖南极潇湘，扬子江北通巫峡，巴陵山西来爽气，岳州城东道崖疆。潴者，流者，峙者，镇者，此中有真意，问谁领会得来？”

洞庭湖是中国第四大湖，中国第三大的淡水湖。古往今来，“仁者乐山，智者乐水”，而“八百里洞庭”之水恰是众多智者的大爱。杜甫有“吴楚东南坼，乾坤日夜浮”；韩愈有“南汇群崖水，北注何奔放”；孟浩然有“气蒸云梦泽，波撼岳阳城”；范仲淹有“春和景明，波澜不惊，上下天光，一碧万顷”。关于洞庭湖的诗句一时难以举全，但仅看这些名士的字句便也可对洞庭湖之美之壮了解一二了。

洞庭湖的水名扬天下，洞庭湖内清幽宁静的君山更是被历史传说渲染成了一处人间仙境。这一面积不大的地方，却有很多佳士愿意为它费些笔墨，黄庭坚诗中便有句“未到江南先一笑，岳阳楼上对君山”，李白也有“帝子潇湘去不还，空余秋草洞庭间，淡扫明湖开玉镜，丹青画出是君山”，元代历任七朝的集贤殿大学士许有壬咏道：“水环千里萃万景，天下奇观唯君山。”

相传当年舜帝南巡，他的两位妃子娥皇、女英也随之而来，但舜帝的船被大风阻在了君山，后来两位妃子听闻舜帝已故去，二妃心痛不已，抱着君山的竹子痛哭流涕，泪水洒在竹子之上，且融进竹子之内，于是就有了斑竹。不久之后，二妃因积郁成疾而死，死后即为湘水女神，屈原称之为“湘君”，抒发内心之感写下了《湘君》《湘夫人》。二妃合葬于山之东麓，为纪念二妃而改洞庭山为君山。后人感二妃对舜帝之情深，在石柱上刻下一副对联“君妃二魄芳千古，山竹诸斑泪一人”。

在君山龙口码头东侧山麓崖壁间，有一大一小两方摩崖石刻，冷僻古幽，无人识别，于是人们根据《史记·秦始皇本纪》而衍生出了封山印的故事：秦始皇南巡，因风浪而阻于君山，有人说是湘君在作怪，秦始皇问：“湘君为何神？”博士对曰：“是舜的两个妻子，合葬在这里。”秦始皇大怒，下令伐树烧山，却未能解恨，于是拿出九龙镶金玉玺，对着山崖盖了两下，留印封山，想用此制服湘水女神，使君山寸草不生。

汨罗江是洞庭湖滨湖区主要河流之一。汨罗江本是一条平淡无奇的河流，却从很久之前起便一直被人们称颂，它的闻名全是因了大诗人屈原。战国末年，楚国诗人屈原因为反对楚怀王和楚顷襄王的对外政策，被流放至汨罗江畔的玉笥山，在此期间爱国诗人屈原郁郁不得志，却将爱国的热情与在仕途上的抱负融进自己的作品之中，将楚辞这种题材发展到了登峰造极的地步。后楚国都城郢（今湖北省江陵县境内）被秦国攻占，屈原感到救国无望，于农历五月初五作《怀沙》自投汨罗江而死。

汨罗江边的百姓纷纷划着各自的船只往屈原投江处，想抢救这位爱国诗人。人们担心江中的鱼虾啃噬屈原，在划船前往营救的同时，纷纷把自己船上的粽子投向江中喂鱼虾，而后来如我们所知，农历五月初五成了端午节，又形成了赛龙舟、吃粽子的习俗。

500 多年前，有位风水先生名叫张谷英，他携带全家老小谋生而西行至这里，看到这个地方四面环山、层峦叠嶂、茂林修竹、流水潺潺，便心生在这里定居之意，又经过细致的勘测，选择了一块地便开始大兴土木，使后代子孙在这里繁衍生息，从而形成了这样一片楼阁参差、路道纵横的村落，后世子孙便以其祖先的名字命名他们的住地为张谷英村。张谷英村是中国保存最为完整的江南民居古建筑群落，且因建筑规模之大，建筑风格之奇，建筑艺术之美，堪称“天下第一村”。

武汉：吸引四面、辐射八方

武汉，中部地区第一大城市，中国国家区域中心城市，全国首个综合交通枢纽试点城市，中国的经济地理中心，内陆地区的经济、金融、商业、贸易、物流、文化中心，被誉为世界开启中国内陆市场的“金钥匙”、经济发展的“立交桥”，具有承东启西、接南转北、吸引四面、辐射八方的区位优势。武汉有着 3500 余年的建城史，分为汉口、汉阳、武昌三镇，汉口因曾是中国第二大城市而被誉为“东方芝加哥”，汉阳是中国近代工业的发祥地，武昌是“中华民国”的诞生地。

武汉坐落于江汉平原的武汉，因坐拥汉口、汉阳、武昌三个重镇而得名大武汉。流淌了千年的水运巨龙——长江，再加上它的重要支流——汉水，把武汉一分为三，却又用陆路和水路交通把它们连接起来，让它们互相独立，又彼此依托，形成更加气派的城市版图。汉口是重要的商业中心，汉阳以中国最早的军事工业而驰名，武昌则历来是湖北甚至整个中南的文化教育中心。

大武汉跟水有千丝万缕的联系。古代从武汉循长江水道行进，往西可到达巴蜀（今重庆、四川一带），往东可连通吴越（今江苏、浙江一带），向北出发溯汉水而上，则可以到达河南和陕西，经过洞庭湖南下，则可以抵达湖南和广西。故武汉有“九省通衢”之称，被很多商贾当作物贸交易的理想市场。今天流经武汉的长江航道，依然是重要的水运通道，从大武汉出发的客轮和商船一路通途。

早在明末清初，汉口就跻身中国四大名镇之列，并保持了上百年的繁荣景象。1861 年汉口开埠后，商业贸易空前繁盛，城市迅速发展。武汉人常以一句老话来夸耀自己，他们说：“紧走慢走，三天走不出汉口。”

黄鹤楼是武汉的文化标志之一，就矗立在长江边上，引来无数游客。历代文人墨客在这里留下了灿若星辰的歌赋。不远处的古琴台，诉说着一个在中国流传了两千多年的故事——高山流水觅知音，著名的乐曲《高山流水》，就是以这个故事为背景创作的。很多人到这里来追寻琴师俞伯牙和钟子期两人以琴会知音的动人传说。

▲黄鹤楼风景

武汉高校众多，仅次于北京和上海，是无可争议的中国教育第三城。这里设立着七所教育部直属重点大学和百余所普通高校。学校给这个华中重镇带来了巨大的荣耀和收获。相对于沿海城市的浮华，武汉则多了分做学问的积淀与安稳。站在位于市区第一高峰喻家山南麓的华中科技大学高处，就能看到烟波浩渺的东湖水域，水的灵性跟这个城市浓郁的人文气息连缀在一起。

武汉人也是武汉的一道风景。武汉是一座充满了市民生活气息的城市。吉庆街七荤八素，汉正街小商云集，无不透露出这里闲适的平民生活。热闹的市井生活，美食不可或缺。在武汉街头随便找一家酒店，进去点上几根鸭脖子，切成寸长的一段，蘸着姜醋等佐料一吃，又香又辣，吃得人浑身冒汗，大呼过瘾。

武昌鱼也是一种名头在外的美食。这种鱼体形呈扁平状，肉质嫩白，含丰富的蛋白质和脂肪，用它可以烹制出数十种不同风味的鱼菜。毛泽东主席曾经有一句著名的诗“才饮长沙水，又食武昌鱼”，让武昌鱼成为驰名中外的上等好菜。不过吃武昌鱼，一定要吃清蒸的活鱼，那样才能品出正宗武昌鱼的鲜美。

热干面是武汉人特别喜爱的大众化食品，它便宜实惠，花上不多的钱，就可以舒舒服服填饱肚子。做法就是把面条煮熟捞起来，撒上麻油，放凉，加上芝麻酱、葱花、辣椒等佐料后，立刻香气四溢。女孩子们去汉正街淘衣服，逛累了街边一坐，一碗热干面吃得旁若无人。

说到汉正街，这是一条有名的商业街，以物美价廉著称。汉正街历来就是货物云集的水陆商埠，历史上因国内外商贾入住，建筑便兼容了传统和欧洲的建筑手法。古汉正街店铺临街而建，多为假两层楼式，白瓦灰墙，古朴别致。门面有全敞式、半敞式、内敞外窄式，交错穿插，风格各异。夹街背巷的铺面则多用木板木桩架起红漆横梁，梁上雕龙饰凤，极富民族特色。今天的汉正街经过大规模的旧城改造，成为国内知名的时尚商业街。

襄阳：金城汤池，雄风仍见

襄阳位于湖北省西北部，汉江流域中游，秦岭大巴山余脉。其贯通南北、承启东西的地理位置，自古即为交通要辏，有七省通衢的美誉。襄阳因地处襄水之阳而得名，楚为北津戌至今已有2800多年历史，历代为经济军事要地，素有铁打的襄阳、华夏第一城池、兵家必争之地的称号。汉水穿城而过，分出南北两岸的襄阳及樊城，隔汉江相望，两城在历史上都曾是军事与商业重镇。

襄阳市被汉水分为南北两城，南为襄城，北为樊城。樊城始于西周，因周宣王封仲山甫于此而得名；襄阳始建于西汉初年，以县治位于襄水之阳而得名。武帝时属荆州刺史部南郡。王莽时曾一度改称“相阳”，东汉光武帝时恢复原名，仍属荆州南郡。

建安十三年（208），曹操控制了南郡北部，置襄阳郡，郡治在襄阳城内。东晋时，因雍州人避难流入襄阳等地，为安置流民，孝武帝时曾以襄阳为中心侨置雍州。明洪武初年，属湖广行中书省襄阳府。李自成一度改称襄阳为襄京。

杜甫诗曰："即从巴峡穿巫峡，便下襄阳向洛阳。"李白在《襄阳曲》中写道："襄阳行乐处，歌舞白铜堤。江城回绿水，花月使人迷。"襄樊自古既是群雄逐鹿的战场，也是历代文人骚客荟萃之地，留下了李白、杜甫、孟浩然、张继和宋代书画家米芾等无数名人雅士的墨宝和诗篇。

襄阳古城始建于汉，至今已有2200多年的建城史。东汉末为荆州牧治所，改建于唐、宋，增修于明、清，宋朝时，军民依仗着坚固的城池抵抗勇猛的元军，令不善水战的十万蒙古铁骑六年不得进。历经200多场战火洗礼，巍巍城墙依然完好，一条护城河从三面缓缓流过，襄阳城是目前全国保存较好的几座古城之一，以"铁打的襄阳"和"华夏第一城池"著称。城头的号角虽已不再吹响，烈烈战旗也不见踪影，可昔日的金城汤池的雄风仍然可见一斑。

襄阳自古就是商贾云集和兵家必争之地，也是中原文化和楚文化的汇合地，历史的烟云早已散去，但平静的小城内曾经先后演绎过卞和献玉、司马荐贤、马跃檀溪、水淹七军、岳飞收复襄阳之战、李自成进占襄阳之战、张自忠枣阳抗日会战以及解放战争中的襄樊战役等重大历史事件。

史载，水淹七军之役发生在建安二十四年（219），是关羽生平较为得意的一次战役。

这一年，刘备命令关羽加紧进攻，关羽派两个部将留守江陵和公安后，自己亲自率领驻扎在江陵的大部分荆州军队，浩浩荡荡地向襄阳、樊城进发，一路上锐不可当，很快将襄阳、樊城分别包围起来。樊城守将曹仁抵挡不住关羽军队的进攻，连连向曹操告急求援。曹操怕胆小怕事的曹仁弃城不应战，一面嘱咐他一面派遣于禁、庞德两员大将率领七支人马前去增援曹仁，抵御关羽军队的进攻。

当时正值八月，时逢阴雨连续下了10多天，汉水暴涨溢岸，各支流和山洪一起爆发，而曹军的大队人马却错误地驻扎在低洼地区。长期征战在荆襄地区的关羽，对于这里的天气与地形早已烂熟于心，水淹七军之计谋油然而生。他命令荆州军造大船，并调水军集结待命。天时地利人和，汉水猛涨，平地的水高出地面有一丈多。当于禁与诸将反应过来想撤退时，城内早已是一片汪洋，里里外外都是水，根本没有容身之处，浩浩荡荡的七军于是皆被大水淹没。这时，关羽趁着有利形势加紧进攻，命令他的水军乘船猛烈攻击被大水所围困的曹军，并在大船上向曹军避水的堤上射箭，曹军死的死、落水的落水，可谓一片惨烈。眼看就要全军覆没了，无路可退的于禁只好向关羽举起白旗，而大将庞德却顽强抵抗，最终被关羽擒住并杀死。

这，就是史上著名的关羽水淹七军一役。

襄樊也是三国故事的源头和以诸葛亮为文化核心的三国文化发祥地之一，《三国演义》120 回中，有 31 回发生在襄阳。

在襄阳西边有个古隆中，群山环拱，据《舆地志》记载："隆中者，空中也。行其上空空然有声。"隆中因此而名之。相传，古隆中是三国时期杰出政治家、军事家诸葛亮青年时代隐居的地方。而历史上著名的"三顾茅庐"与"隆中对"也发生在这里。诸葛亮《出师表》中曾说："先帝不以臣卑鄙，猥自枉屈，三顾臣于草庐之中。"

东汉末年，黄巾起义，天下大乱，曹操坐据朝廷，孙权拥兵东吴，当时的刘备势力最为弱小，简直不堪一击。当时，他和勇猛无敌的关羽、张飞结为手足兄弟，发誓共进退，史称"桃园三结义"，传为千古佳话。这"勇"有了，"谋"在哪呢？要想成就天下霸业光靠两个拳头当然行不通，古往今来，哪个千秋伟业的君主没有个贤士谋臣的辅佐？刘备当然明白这个道理。

这个时候，火烧眉头的刘备听闻有个诸葛亮才华不凡，惊为天人，求贤若渴的刘备马上和关羽、张飞带着礼物到隆中卧龙岗请这位仙人出山辅佐他的兴国大业。不巧的是，诸葛亮这天正好不在家，失望的刘备只得败兴而归。没过多久，不死心的刘备又带着自己的两个兄弟关羽、张飞冒着大风雪第二次去隆中请诸葛先生出山。也活该这刘备倒霉，诸葛亮又外出闲游去了。这下，性急的张飞不愿意了，他本来就对这位素未谋面的卧龙将信将疑，让他三人大老远的又白跑一趟，如此大的架子要来何用？也是，便嚷嚷着要回去。刘备没有办法，只好留下一封信，信的内容大概就是表达了一下自己对诸葛先生的敬仰之情，久闻大名之类的赞美，然后道出自己想请他出山帮助自己匡扶社稷，一起打江山的意愿。

又过了一段时间，诚心的刘备不到黄河心不死，为表诚意还吃了三天素再去请诸葛亮。这回，连关羽也不愿意跟着掉价了，而急躁的张飞甚至嚷道干脆用绳子五花大绑把他捆来。最后，关羽和张飞拗不过刘备，第三次跟着他来到了隆中请诸葛亮。皇天不负有心人，这一次，诸葛亮终于在家了。无奈的是，三人赶到时已经是中午，诸葛亮正在睡觉。刘备不敢惊动他，一直站到诸葛亮醒来，才彼此坐下谈话。当问起统一天下大计时，诸葛亮精辟全面地分析了当时三分天下的局势，提出了首先夺取荆、益作为根据地，对内改革政治，对外联合孙权，南抚夷越，西和诸戎，等待时机，两路出兵北伐，从而统一全国的战略思想的宏伟蓝图，这次谈话即是著名的“隆中对”。

诸葛亮看见刘备态度如此诚恳，又是真心立志为国，便决心助他一臂之力，之后多年更是殚精竭虑、尽心尽力地辅佐刘备，出谋划策，帮他建立三分天下有其一的蜀汉王朝，留下了不少流传千古的佳话。

昆明：四季如春，鲜花盛开

在神秘莫测的云贵高原上，有着这么一座城。它虽然处于高原，却四季如春，让人感受不到任何的寒意，它，就是春城——昆明。

自从1240年前昆明建城以来，滇池夜月、螺峰叠翠的老昆明城，便在历史的长河中，留下了只属于它自己的足迹。踩着这些足迹，昆明城，一步步成长，一步步发展，成了现在这样美丽的一座名城。

昆明南濒滇池，三面环山，唯独中间是平坦的。独特的地形使这里一年四季都温暖如春，鲜花四季盛开，所以昆明又是有名的“春城”。历史上，昆明是中国陆路通往东南亚、南亚的重要通道，汇集了多种文化。自1999年世界园艺博览会之后，昆明更是名声大噪，丰富的民俗风情和世界珍奇园林园艺精品让游客痴迷。

昆明是中国最具民俗风情的城市之一，这里的少数民族个个能歌善舞。昆明生活着20多个少数民族，每个民族都有自己的舞蹈。这些民族舞蹈，具有悠久的历史，通常有着多变的造型，肢体语言丰富，加上色彩鲜艳的民族服装，表演起来充满动感和韵律，既传统又现代。更让人好奇的是，即便是同一个民族，居住的地方不同，舞蹈的种类也不一样。比如彝族的舞蹈，就有七大类。闻名中外的傣族孔雀舞，经过艺人的不断创造，

也形成了不同的流派特色，傣族的很多村寨都有人会跳。深入民族村寨，

▲彝族火把节

常常能看到衣着鲜艳的姑娘载歌载舞的情景。

著名的彝族火把节，是昆明旅游最豪放的节目之一。彝族的传统火把节，一般在每年农历六月的某一天举行，地点就在石林县。根据彝族太阳历，这一天是太阳在运行轨道上最正的一天，正午太阳照射到人身上时，人看不到自己的影子。彝族人把这天当作喜庆的日子。节日期间，村寨里杀鸡宰羊，男女老少穿上盛装，比赛斗牛、摔跤，到了夜晚，村寨的空地上会燃起火把，并堆成火塔，人们手拉手围着火堆，边跳边吼，通宵达旦。不过，如今这些节目已不光是在传统的火把节上演了，在普通的旅游季节，当地一些村寨也会在夜晚组织年轻的姑娘和小伙子给大家表演。跳着跳着，那些身着盛装的少数民族姑娘，就会主动走到游客中间，大方地拉起游客的手，随着队伍在火堆旁起舞。在歌舞现场，即使是最文静害羞的游客，也会很快被调动起热情，情不自禁地融入跳舞的队伍，兴奋地边跳边喊。

昆明的石林是个奇特的地方。神奇的大自然用数亿年的时间造就了那里典型的喀斯特地貌奇观，面积有 400 平方千米。那里的石头奇形怪状，每一块石头都有着不同的姿态，一步一景，游人如同穿行在奇妙的画卷之中。中国有一个美丽的爱情故事《阿诗玛》就发生在石林。传说在石林撒

尼族居住的地方，勇敢的青年阿黑和美丽可爱的姑娘阿诗玛相爱。黑心的财主想让阿诗玛做儿媳，就派人把她抢走。阿黑哥勇敢地把阿诗玛救了回来，在回家的路上，阿诗玛却被洪水冲走，她的身影留在了石崖上。如今在石林还能看到阿诗玛留下的倩影。美丽的传说让这里成了爱情的祈福地。

昆明的自然山水中，最有名的是滇池和西山。滇池是中国第六大淡水湖，也是国家级旅游度假区，这里风光秀丽，碧波万顷，被人称作“高原上的明珠”。滇池周围的景观带中，有“滇中第一美景”西山，站在远处看，它就像一位侧卧的睡美人，秀美而充满风情。西山人文古迹众多，有华亭寺、太华寺、三清阁、龙门古刹等胜景，其中华亭寺是云南境内最大的佛寺之一。《中华人民共和国国歌》的作曲者聂耳的墓也在西山。

丽江：风景如画，世外桃源

在青藏高原跟云贵高原的交界处，丽江是一个传说中的世外桃源。它与四川阆中、山西平遥、安徽歙县并称为“保存最为完好的四大古城”。据说在丽江的生活，是一种完全的“慢生活”。你会忘记时间，也会忘记自己身在何处，只顾着享受这里旖旎的风光和闲适的节奏，似乎时光的流转都慢了下来……

美丽古朴、风景如画的丽江是一个适合游人放松休憩的地方。丽江古城位于云南省西北部，始建于南宋，是滇藏商道上重要的物资集散地。历史上，南方的丝绸和茶叶等物品，通过这个古镇运入藏区，以及更远的印度、尼泊尔等地。

如今的古镇以四方街为中心，大街小巷曲曲折折，两旁是土木或砖木结构的民居。在城内信步游走，“三坊一照壁，四合五天井，走马转角楼”式的瓦屋楼房鳞次栉比。它们既突出整体的结构布局，又注重细部的雕绘装饰，游人漫步其间，如同进入了明清民居博物馆，古老的气息让人着迷。位于古城西南隅的明代木府，被当作丽江古城的“大观园”。这座过去土司的宅院建筑之宏伟，雕刻之精细，可谓美轮美奂。明代徐霞客曾感叹，木府宫室的华丽几乎超过王宫。木府的建筑兼容了中原文化和纳西古文化的特征，独具特色，府内还种植着数不清的名木古树。木府是丽江最

▲**丽江古城**

具中国园林特色的古建筑代表，华丽而高贵。

不过就整个古城区的建筑来看，丽江古城却更像一幅古朴自然的画卷。从城北流入古城的三股玉泉河水，到了城内分成无数支流，穿街绕巷，形成了“家家门前绕水流，户户屋后垂杨柳”的场景。城内 300 多座建于明清时期的石桥，连接着铺满彩石的街道，它们与古墙、民居、河水、绿树、古巷相映，极具高原水乡人家的美学意蕴，吸引着四面八方的游客。

与古老的建筑相呼应，小城内淳朴自然的生活场景比比皆是。城内有利用涌泉修建的“三眼井”，上游池子里的水是供饮用的，中游池子里的水用来洗菜，而最下游的水是用来漂衣的。丽江的古街和民居都是傍着水渠，所以一路走过，经常能看到蹲在水渠边洗菜漂衣的妇女，她们无意中抬头看到游客，总会礼貌地笑笑。那些背包的外国游人，也会用生硬的汉语问候她们。

在丽江古城，抬头可以看见终年积雪的玉龙雪山，它位于古城北 15 千米处，以险、秀、奇著称，主峰海拔 5500 多米。南北向排列的玉龙十三峰，气势逼人。让人惊奇的是，随着时令和阴晴的交替，山上的景观还会不断变幻，犹如巨龙在舞中穿行，显现大自然造化的神奇。

丽江古城内的居民，多为纳西族，他们拥有神秘的东巴文化，主要包括东巴文字、东巴经、东巴绘画、东巴音乐、东巴舞蹈、东巴法器和各种祭祀仪式。其中东巴文字是世界上唯一完整保留的活着的象形文字，用东巴文字写成的经书，现存约4万册，分别收藏于中国以及美、英、德、法等国的图书馆、博物馆。而被称作“中国音乐的活化石”的东巴音乐，是明清时期传入丽江的中原道教洞经音乐，因在演奏技法和曲子处理上融入了纳西族风格，所以也称“纳西古乐”。纳西古乐有一套严格的传承方式，演奏者多为年老艺人，乐器也很古老。在丽江美丽的夜色中，听着柔和悦耳的纳西古乐，实在是莫大的享受。半个世纪前，旅居丽江的俄国人顾彼得描绘他听古乐的感受时说，这种地道的中国古典音乐似乎在描述这样一块乐土：这里的生活多么宁静、安谧。

桂林：山水迷人，人杰地灵

都说“桂林山水甲天下”。烟雨空濛，微风拂面的时候，泛舟江上，看着嶙峋的山，深幽的洞，温柔的水，一定会觉得自己是在神仙居所了吧？饱览了美景之后，难免让人想起“秀色可餐”这个成语，说不定在这儿待久了，真的就不用吃饭，变成神仙了呢。

不过桂林有的，并不只是山和水——尽管山水已然如此迷人，人文历史更让这里增添了底蕴和风情。“内外兼修”这样的词，用来形容桂林，可真是再合适不过了。

“桂林山水甲天下”，提到这句话，人们就会想到这些名字：象鼻山、伏波山、南溪山、尧山、独秀峰、七星岩、芦笛岩、甑皮岩、榕湖……如果说那句人人皆知的话是对桂林之美抽象而统筹概括的话，那这些景点，则把这种美具体化地呈现在了人们的面前。

当然，美丽的漓江，可以算是桂林这座城的精灵。发源于兴安县猫儿山的漓江，从桂林到阳朔83千米水程，蜿蜒曲折，和山峰交缠而成了世界上规模最大、景色也最为优美的岩溶景区。“诗情画意”这四个字，仿佛正是为了这区区不到100千米的风景线而创造的一般。泛舟漓江，能看到田园人家，青山碧水，水里倒映着山峰，而山峰又捧着江水，不时出现的景点总能给人邂逅般的惊喜。九牛戏水呀，九马画山呀，都是那么栩栩如生。而望夫山和笔架山的传说，又让人兴致勃勃。杨堤、浪石，每一处的

▲桂林象鼻山

风光都勾人心魄，千姿百态的奇峰引起了人无限的想象力。高低错落的山，回旋曲折的水，温柔而又具有强大的吸引力，这就是山水的魅力。

有如此奇山异水，自然地灵人杰。曹邺、蒋冕、陈继昌、吕调阳、石涛、况周颐、唐景崧、李任仁、白鹏飞、李宗仁、白崇禧、梁漱溟、黄现瑶……这一个个在历史上曾经出尽风头的名人，都是出生或是在桂林长期工作与生活的。桂林能成为“文化名城”，与他们也不无关系。

是的，桂林是一座文化古城。两千多年的历史给了它相当深厚的文化底蕴。自从宋代开始，它就一直是广西的政治、经济、文化中心。在过去难以计数的时光里，桂林的奇山秀水也吸引着难以计数的骚人墨客，以桂林山水为主题的诗篇、文章、石刻、古迹，都是一笔独特的人文宝藏。有人说，在桂林，“游山如读史，看山如观画”。这自然是至高的赞美。在抗日战争时期，桂林由于战乱，反而聚集了许许多多爱国的作家和艺术家，成了中国著名的文化城。

除了美景和文化，在这原始森林密布的土地上，生活着许多少数民族。包括壮、瑶、苗、侗在内的各色民族文化，都有着各自的风情，让全世界的旅游爱好者迷恋不已。甚至各国政要都争相前来，流连忘返。

即使到了21世纪的今天，壮、苗、瑶、侗等少数民族依然保持着它们各自古朴而奇特的民俗风情，如壮族的三月三歌节，瑶族的盘王节、达努节，苗族的芦笙节、拉鼓节，侗族的花炮节、冬节……多姿多彩，使得猎奇的人们心向往之。这些少数民族，虽然聚居在同一个城市，但却都保持着自己民族的风俗，不仅是服饰、食物、节日这些形式上的东西，连宗教信仰和语言文字都是各有各的一套。少数民族的人们对本民族之“根”的坚持，是令人感动的，想想那些崇洋媚外忘本的人，就更觉得这些也许没有接受过多文化熏陶的人们，反而更加可贵而可敬吧。

说到吃，桂林也是具有鲜明的地方特色的。因地理位置的缘故，桂林的菜肴把酸辣的湘菜和清淡的粤菜结合在一起，反而别具风味。桂林的街头小吃更是一绝，最有名的自然就是桂林米粉啦。生菜粉、牛腩粉、三鲜粉、原汤粉、卤菜粉、酸辣粉、马肉米粉……全市数百家的米粉店都有自己独家的口味，让人垂涎三尺。

桂林三宝是指桂林享誉海内外的三种制品，即辣椒酱、豆腐乳、三花酒。桂林三花酒色泽清澈，入口柔绵，回味爽冽，曾经畅销湖广，甚至远销到香港、澳门呢。在饱览了桂林山水秀丽的风情之后，畅饮几杯桂林三花酒，疲劳感就消失了大半，能够继续打起精神，继续领略美景和风物了，岂不美哉！

泰州：水陆要津，咽喉据郡

泰州市地处江苏省中部、长江沿岸，为长三角经济区 16 座中心城市之一。至今有 2100 多年的建城史，秦称海阳，汉称海陵，州建南唐，文昌北宋。泰州区位优越，人文荟萃，有“水陆要津，咽喉据郡”“儒风之盛，夙冠淮南”之誉。700 多年前，马可·波罗游历泰州，称赞：“这城不很大，但各种尘世的幸福极多。”道出了泰州小巧精致、文教昌盛、环境宜人的景象。所辖四市全部建成国家级生态示范区，已建成国家卫生城市、国家环保模范城市、国家园林城市、中国优秀旅游城市、中国宜居城市。同时也是中国人民解放军海军诞生地。

泰州是江苏省首批公布的省级历史文化名城，文物古迹众多。境内有距今 4000 多年的龙山文化遗址，有新石器时代晚期至商、周的古文化遗址，西汉初开凿的古运盐河遗址。战国时期的昭阳墓，《水浒传》作者施耐庵墓，扬州八怪之一的郑板桥墓，南京吏部左侍郎储山藿墓等亦在泰州。此外还有始建于东晋的江淮名刹光孝寺，唐建明修的南山寺大雄宝殿和城隍庙，明建清修的庆云寺、东岳庙、胡安定祠堂、岳飞生祠、崇儒祠、胡公书院、马洲书院、襟江书院和扬郡试院。古典园林有日涉园和李园，另有郑板桥、刘熙载、刘国钧等故居。泰州的风景名胜颇具特色，有溱湖风景区、垛田风光、孤山风景区、泰山公园、梅兰芳公园、东河风景区等。

泰州历史上名贤辈出，唐代有书法评论家张怀瓘，著有《书断》《书议》《书估》等，擅长正、行、草书，书法“正、行可比虞、褚，草欲独步于数百年间”。宋代有著名教育家胡瑗，元末明初有文学家施耐庵创作古典文学名著《水浒传》，至明代，哲学家王艮阐发以尊身立本为内涵的“格物说”与具有社会改良思想的“王道论”，逐渐形成“泰州学派”。清代有著名天文历算家陈厚耀，评话宗师柳敬亭，“扬州八怪”之一郑板桥，“扬州学派”先驱者任大椿，著名文艺评论家刘熙载，围棋棋圣黄龙士，太谷学派集大成者黄葆年。近现代有著名地质学家丁文江，著名爱国实业家刘国钧，杰出女教育家吴贻芳，著名剧作家丁西林，京剧表演艺术家梅兰芳，著名文学史家、传记文学家朱东润等。泰州又是具有光荣革命斗争传统的城市。南宋抗金，明代抗倭，鸦片战争期间群众抗英，抗日战争和解放战争期间陈毅三进泰州，新四军黄桥决战，苏中七战七捷，中国人民解放军海军诞生等重大历史事件也都发生在泰州。中安轮遇难烈士纪念馆，杨根思烈士陵园，七战七捷纪念碑，中共江浙区委泰兴独立支部旧址，新四军东进泰州谈判处旧址，黄桥战役纪念馆，中国人民解放军海军诞生地旧址等都是爱国主义和革命传统教育的基地。泰州和各市区文物单位征集收藏了从新石器时代，历商、周、汉、六朝、宋、元至明、清的珍贵陶瓷，明代服饰，明、清字画，故宫档案等文物 1．3 万多件，国家级珍贵文物达千件以上。还有数百件革命文物收藏在各有关纪念馆。各级政府十分重视文物工作，修缮大批文物保护单位。泰州有省级文物保护单位 27 处，市级文物保护单位 143 处，文物管理机构 4 个，博物馆 2 家，纪念馆 7 家。

泰州境内名胜古迹众多，现存古遗址、古建筑、古石刻数百处，其中列为省市级文物保护的有 134 处，全市建有 5 座博物馆，珍藏文物万余件，不少为稀世珍品。光孝寺、崇儒祠、城隍庙、安定书院、日涉园、望海楼以及梅兰芳纪念馆、人民海军诞生地纪念馆等传承历史，文脉灵动；古银杏森林、溱湖湿地、水上森林、千岛菜花、天德湖公园等生态自然，风光绮丽。

聊城：江北水城，状若凤凰

聊城市地处中原腹地，山东省西部，临河南，河北，位于华北、华中、华东三大区域交界处。母亲河的黄河和代表古代文明的京杭大运河在此交汇，贯穿中国南北的京九铁路和连接东西的胶济邯铁路及高速公路在此相交形成十字枢纽。聊城不仅起着辐射和带动鲁西经济发展的中心作用，而且也是与山西、河南、河北等省份经济技术文化交流的重要通道。聊城既可利用东部沿海的便利港口，还可利用中西部省份的丰富资源，是中国重要的交通枢纽、能源基地、内陆口岸和辐射冀鲁豫交界地区的区域中心城市。

聊城是著名的历史文化名城，历史悠久，有2500年的历史，文化底蕴非常丰富，文物古迹众多，如光岳楼、山陕会馆、阳谷的景阳冈、东阿曹植墓、临清的钞关、舍利塔、清真寺、鳌头矶等。聊城的自然资源与人文景观相互交融，形成了丰富的旅游资源。特别是聊城城区独具“江北水城”特色，陈运和诗称“水养诗，诗养城，城养景，景养人”，此城才享有“中国北方的威尼斯”之称。

聊城也称“凤凰城”，因为聊城古城池位置和布局状若凤凰，故素有“凤凰城”之称。传说，聊城一带原是一片梧桐林，住着一对凤凰，统率着林中百鸟，过着幸福的生活。有一年发大水，东海一条恶龙来到此地，驱走了凤凰，使这一带变成了一片汪洋，人们叫它东州湖。地方官见湖波荡漾，周围林茂花繁、景色优美，便想在湖边建城，但工匠们感到工程艰难，均不敢承担。这时，来了两个人，一个叫王东，一个叫王昌，他们自告奋勇，愿意承建。原来这两人就是被恶龙赶走的那对凤凰所生的儿子。王东、王昌建城，凤凰率百鸟送来木石用料，不长时间，一座雄伟的湖城建成了。人们为了纪念凤凰在建城中的功绩，便将该城起名为凤凰城。后来，东海恶龙又兴风作浪，企图摧毁新城。王东、王昌即力战恶龙。恶龙逃往东海，扒出一条水道，引海水来灌城。为救凤凰城的百姓，王东、王昌兄弟二人钻入水下，用身子堵住了水道。人们为感谢两兄弟献身保城救众的高尚品德，便将凤凰城又改名叫东昌。

光岳楼位于山东省聊城市古城中央。高楼凌空，巍峨壮丽，气势非

▲聊城光岳楼

凡，为鲁西一大名胜。它始建于明洪武七年（1374）。聊城在此时为东昌府治。明朝初年，平山卫守御指挥佥事陈镛为与元朝残余部队作战，将东昌土城改建为砖城，并在洪武七年利用修城余木修建了这座高达百尺的更鼓楼。所以初名“余木楼”，后因地而名“东昌楼”。当时建造此楼的目的是为了“严更漏、料敌望远、报时、报警”，随着明王朝统治的巩固，此楼的军事功用很快被遗忘，但光岳楼却以她的雄伟高大而名扬天下。其中尤其以清康熙皇帝御笔“神光钟暎”匾，乾隆帝诗刻，清状元傅以渐、邓钟岳手迹，郭沫若、丰子恺匾额、楹联这些至为珍贵。

京杭大运河西岸有一处富丽堂皇的古建筑群，远看，琼楼玉宇，璀璨多姿；近看，雕梁画栋，金碧辉煌。这就是全国重点文物保护单位——山陕会馆。

山陕会馆位于聊城东关双街南首，建于清乾隆八年（1734），原是山西、陕西两省商贾联乡谊、祀神明的处所。它集精巧的建筑结构和精湛的雕刻艺术于一身，充分显于了我国古代劳动人民的智慧与才能，是我国古代建筑的杰作。

河池：兵家喉地，山岭绵亘

河池市，是广西少数民族聚居最多的地区之一，也是广西实施西部大开发的重点区域。河池是桂西北区域中心，在广西占有十分重要的地位，它不仅是桂、黔、川交通的重要枢纽，还曾是历史的“兵家喉地”。河池背靠大西南，面迎东南亚，是西南出海最便捷的通道之一。

河池境内地形多样，结构复杂，山岭绵亘，岩溶广布，属举世闻名的中国西南喀斯特地区之一。地势西北高东南低。山脉多分布于边缘地带，北有九万大山，西北有凤凰山、东风岭，西和西南有都阳山、青龙山等山脉。环江毛南族自治县东兴乡的无名峰，海拔1693米，是河池第一高峰。

大自然对河池如此厚爱，赋予她神奇美丽的一方山水，是一处旅游资源极为丰富、亟待开发的“养在深闺人未识”的旅游宝地。神奇雄美的喀斯特地貌景观、千姿百态的山水景观、妩媚秀丽的高山平湖风姿、丰富多彩的原始森林景观、古色古香的人文景观、独树一帜的长寿资源、浓郁的民族风情，都给河池的旅游增添了无限异彩。

河池是全国著名的右江革命根据地的重要组成部分，老一辈无产阶级革命家邓小平、张程、梁志宗、李明瑞等曾在这里留下光辉足迹，形成了许多闻名遐迩的名胜景区：红七军前敌委员会和东兰县革命委员会旧址——东兰武篆魁星楼、广西农民运动讲习所旧址——列宁岩、西山弄京村红七军二十一师师部旧址、韦拔群牺牲的地方香刷洞、有如狼牙山五壮士悲壮色彩的芭暮拉号岩、恒里红军岩、红七军河池整编宿营地、东兰革命烈士陵园等等。这些历史名胜和古迹，既是对各族人民特别是青少年进行革命传统教育的极好场所，又是一项宝贵的人文旅游资源，具有很高的开发价值。

摩崖石刻是中国古代灿烂文化的遗产，主要分布在宜州市境内，目前以宜州白龙洞太平天国翼王石达开等唱和诗石刻、白龙洞内唐宋以来文人骚客摩崖石刻60余幅最为壮观。此外，有名的历代文物还有山谷祠、龙隐岩、益寿桥、九如汉墓、宋代屯兵营盘古城峒、香山寺等，主要分布在宜州、罗城、东兰等县、市。

红水河景区的景点密集，各具神态，争奇斗艳，船移景换，人称“百里画廊”；大化水电站开闸放水的壮观场面，惊心动魄；公鸡报晓石兀立江岸，似在为你送歌启程；酷似新月的穿山洞与状似宠物的山岭组成“天犬吠月”奇观；在金龟观景台上以金龟为背景留个影，体会“金龟千年寿、金河万古流”的意境。

南通：江海明珠，文化名城

南通，中国历史文化名城，位于江苏省东南部，东抵黄海，南望长江，“据江海之会、扼南北之喉”，地处长江三角洲北部，与中国经济最发达的上海及苏州隔江相望，被誉为“北上海”。南通集“黄金海岸”与“黄金水道”优势于一身，拥有长江岸线226千米。在中国近代文化科教史上，南通创办有第一所师范学校、第一座民间博物苑、第一所纺织学校、第一所刺绣学校、第一所戏剧学校、第一所中国人办的盲哑学校和第

▲南通濠河风景

一所气象站等“七个第一”，被称为“中国近代第一城”。

处于沿海经济带与长江经济带交汇点和长江三角洲洲头的城市只有两

个，一个是国际大都市的上海，另一个就是与其一衣带水、处于长江北岸的南通。南通北接广袤的苏北大平原，通过铁路与欧亚大陆桥相连；从长江口出海可通达中国沿海和世界各港；溯江而上，可通苏、皖、赣、鄂、湘、川六省及云、贵、陕、豫等地。苏通长江公路大桥建成以后，已使南通进入上海一小时经济圈。南通面临海外和内陆两大经济辐射扇面，素有“江海明珠”、“扬子第一窗口”之美誉。

南通是一个人口环境相对优良的城市。南通是中国最早列入对外开放的十四个沿海城市之一，是人居环境最佳的城市之一，是中国著名的“教育之乡”、“建筑之乡”、“体育之乡”和“长寿之乡”。丰富的高素质劳动力资源为南通的改革开放和经济腾飞提供了巨大动力；发达的医疗保健制度，为南通人民的健康提供了可靠的保障；2007 年人口平均期望寿命高达 77．6 岁。

濠河风景区，风光绮丽。30 华里的濠河环抱古城，被国内外游人誉为“少女脖子上的翡翠项链”，正在规划、开发的沿濠河博物馆群将赋予通城更深的文化内涵。

狼山风景区位于市区南郊的狼山风景区同样为国家 4A 级旅游风景名胜区，是江苏省六大自然风景区之一，狼山列全国佛教八小名山之首，自初唐扩建广教寺以来，一直香火旺盛，声名远播。被称为江海第一山，山高 107 米。狼山是佛教西方三圣之一的大势至菩萨的道场，山上还供奉着唯一身披龙袍的大圣菩萨。狼山还是全国天主教十二大朝圣地之一，也是长江流域以北唯一的一处天主教圣地，狼山北麓天主教堂因罗马教廷几下诏书特颁全大赦，使其曾在远东地区享有崇高的宗教地位和影响力。

贵阳：避暑之都，气候宜人

贵州省会贵阳是中国西南地区中心城市之一，重要的交通枢纽、工业基地及商贸旅游服务中心。“贵阳”因位于境内贵山之南而得名，已有 400 多年历史。古代贵阳盛产竹子，以制作乐器“筑”而闻名，故简称“筑”，也称“金筑”。贵阳生态环境良好，生态产业发达，森林围城，是中国首个国家森林城市，首个循环经济试点城市。喀斯特地貌占全市国土面积的 85%，形成了峰林、溶沟、峡谷、溶洞为一体的绚丽景观。生态贵阳山川秀丽、凉爽宜人、物产丰富、交通便利，是自然和旅游资源的富集之地，中国避暑休闲之都。

2004 年 11 月，全国绿化委员会、国家林业局授予贵阳市“国家森林城市”称号。作为中国首座获此殊荣的城市——贵阳，是一座“山中有城，城中有山，绿带环绕，森林围城，城在林中，林在城中”的具有高原特色的现代化城市。森林是贵阳市的标志性景观，也是它的绿色生态屏障，在改善市区生态环境，增强人民身体健康，发展生态产业，促进经济社会发展等方面发挥了巨大的作用。也为贵阳赢得了“全国绿化先进城市”“全国绿化模范城市”“中国优秀旅游城市”等荣誉称号，并被定为中国首座“循环经济试点城市”“中日环境合作示范城市”。

绿带环绕，风光旖旎，良好的生态、宜人的气候是贵阳的骄傲。贵阳环城林带提供了富足的负氧离子，平均每立方厘米达 2700 个以上，超过正常值的几倍，居全国各著名景区的前列，可谓“天然氧吧”。重工业基本远离市区，城市污染轻，全年出现轻度污染日数少，空气质量良好，一年中城区空气质量优良的天数为 94.8%，无灰霾天气发生，空气清新，一年四季空气不干燥，无风沙，博得了“上有天堂，下有苏杭，气候宜人数贵阳”之美誉，鉴于贵阳优良的气候条件，2007 年贵阳市被中国气象学会授予了“中国避暑之都”荣誉称号。

贵阳也是一座千百年来具有独特人文气息的城市。有人说，一个时代是一片树林，城市则是这树林中的大树。当这片树林在时代风云中哗哗作响时，贵阳，这棵云贵高原上的大树，也正努力地吮吸着时代的养分，在岁月中枝展叶发。独特的夜郎文化孕育了贵阳这座依山傍水，旖旎无限的魅力之地，作为高原腹部的中心城市，贵阳沿承不息的夜郎文化，继往开来，在这优秀的文化基础上，林城贵阳将以一种全新、独美的面貌倾诉这千百年来云贵大地上的点点滴滴。

作为喀斯特地貌发育典型地区，贵阳拥有以“山奇、水秀、石美、洞异”为特点的喀斯特自然景观和人文旅游资源。既有以山、水、林、洞为特色的高原自然风光，又有文化内涵极为丰富的人文景观，还有古朴浓郁、多姿多彩的少数民族风情。在联合国亚太组织等七大机构的八大硬指标中，贵阳以“具有夏季特别是最热月平均气温舒适度的优势”荣登中国避暑之都。贵阳拥有国家级风景名胜区、国家级森林公园各 1 个；国家 4A 级旅游区 8 个；国家 3A 级旅游区、全国重点文物保护单位、全国农业旅游示范点超过 20 个。

黔灵山公园位于市西北角，因素有“黔南第一山”之称的黔灵山而得名。园内古木参天，植被茂密，集贵州高原灵气于一身。

从花溪城镇中心南行 12 千米，就是青岩了。青岩是中国历史文化名镇，汉、苗、布依等勤劳淳朴的人民在 600 多年的岁月里共同写就了小镇的历史。她选址于九脉之隘，坐落于五峰之中，是中国冷热兵器过渡时期巧妙运用地形地貌、依山就势、合理布局、投入少而城市攻防能力最强的营城杰作，攻防体系完善，几百年来经历无数战争，有“攻不破的青岩城”之誉。大旅行家徐霞客游历青岩留下了贵州“南鄙要害”的评说。这是汉文化与少数民族文化融合的奇葩。一个始于 1378 年的布依土司城堡，历经数百年沧桑演变，成为多元文化汇集的古镇。

花溪国家城市湿地公园位于花溪区中心城区的北部，距离贵阳市中心仅 12 千米。在环境上属于亚热带湿润气候下的高原岩溶丘陵区，属以喀斯特地貌为特征的城市湿地公园，其独特的地理位置和地质结构形成丰富多样的风景地貌资源。园内花溪河以真山真水的自然景观深受人们赞誉，可谓“花香满溢泗水流，溪涧情浓爱意浓”，因此又被誉为“中国第一爱河”。

南江峡谷公园是中国首家峡谷公园，为陶渊明的第二故乡，地处贵州高原中部，距贵阳市区 54 千米。以发育典型，气势宏大的喀斯特峡谷风光和类型多样，姿态万千的瀑布群落为特色，风乐旖旎，景象万千，是美学价值和科学价值都很高的风景区。

合肥：城中有园，园中有景

合肥市是安徽省省会，因淝、施二水交汇而得名，全省政治、经济、文化、信息、金融和交通中心，中国特大城市之一。合肥位于安徽省正中部，长江淮河之间、巢湖之滨，具有承东启西、贯通南北的重要区位优势，是国家级皖江城市带承接产业转移示范区核心城市、长三角城市经济协调会成员城市。合肥已有 2000 多年历史，有“江南之首，中原之喉”的美称，曾为扬州、合州、南豫州、庐州、德胜军、淮南西路治所，历为江淮地区行政军事首府。合肥是中国重要的科教城市之一，拥有三所国家实验室和四座重大科学装置，数量位居全国第二，仅次于首都北京。

合肥市是国家园林城市，市建成区园林绿地面积达9085.5公顷，城市绿地率达到40.2%，绿化覆盖率达到45%，人均公共绿地面积12.5平方米。在昔日“庐阳八景”——“镇淮角韵、梵刹钟声、藏舟草色、教弩松荫、蜀山雪霁、淮浦春融、巢湖夜月、四顶朝霞”的基础上，新建成十大自然景点及蜀山森林公园、植物园、花冲公园、杏花公园、瑶海公园、清溪公园、银河公园、陶冲湖公园、菱湖公园等，加上城内外数十处街区游园相匹配，合肥市形成“城中有园，园中有景”的花红树绿的世界。

金华：风景秀丽，人文风雅

金华市位于浙江省中部，为省辖地级市，浙江省中西部中心城市。东邻台州，南毗丽水，西连衢州，北接绍兴、杭州。“水通南国三千里，气压江城十四州”，著名女词人李清照的诗句生动概括了金华的重要位置和雄伟气势。金华已连续三届被评为“中国十佳宜居城市”，并获得了国家级历史文化名城、全国卫生城市、中国十佳宜游城市、中国最安全城市之一、全国双拥模范城、全国科技进步先进城市、十佳和谐城市等称号。联合国人居署又给市区康居工程建设颁发了“中国范例贡献优秀奖”和“中国人居环境范例奖”。

金华历史悠久，东周时的越国就有建制。因位于金星与婺女（星）分野，而得名金华。

金华市地处金衢盆地东缘，气候温和，雨量充足，土地肥沃，物产富饶，粮食产量仅次于嘉兴，有浙江的“第二粮仓”之称。金华市是一座山水城市，他的自然风光极富特色。以双龙五洞十景和兰溪六洞构成的溶洞群竞相争奇；以方岩山、九峰山为代表的红层丹霞地貌山景，挺拔绝秀；以婺江、兰江为代表的水乡景观风光迷人；以金华山国家级森林公园为代表的山林景观一派郁郁葱葱。义乌江和武义江在金华城南汇流为一，俗称婺江，雅号双溪。溪水清澈，像一条玉带绕城向西流去，沿岸风光旖旎，城外有南山和北山相峙对立，气势雄伟。

金华风景秀丽，人文风雅。金华山川秀丽奇绝，国家级风景区双龙洞早已蜚声中外，黄大仙祖宫亦坐落于此。省级风景区永康方岩、兰溪六洞

▲金华风景秀丽

山地下长河、浦江仙华山、武义郭洞—龙潭、磐安花溪、百丈潭、大盘山国家自然保护区、仙源湖旅游度假区、东阳花都—屏岩、汤溪九峰山等，或为山奇，或为水秀，可谓各擅胜场。金华的文物古迹与奇山秀水交相辉映，有国家级文保单位 10 处，省级文保单位 37 处，县（市）级文保单位 300 多处，馆藏文物达 3 万多件。各处古迹遗址如颗颗明珠，点缀于八婺大地。太平天国侍王府、宋代名刹天宁寺、八咏楼、五峰书院等胜迹及诸葛八卦村、俞源太极村等神秘村落以及东阳卢宅等令游客流连忘返。

第三章　经济持续繁荣城市

沈阳：东方鲁尔，豪情万丈

和江南曲折幽深的小巷不同，沈阳，这座宽广的东北城市有着很多暗淡的小街巷。深红色的墙砖，灰褐色的琉璃瓦，曾经拥有过的尊贵，有过的繁华都已随时间的流逝深埋在了泥土中，成为一种单纯的记忆，一个青灰色的梦。

这座老工业城市，没有雨打芭蕉，江南雨巷的诗情画意，有的只是千里冰封，万里雪飘的豪情。数十年以前，沈阳半个城区都分布着高耸的烟囱，一个个工厂像密密麻麻的棋子一样，错落有致地分布在城区之间，工人骑着自行车叮叮当当一路飞奔，穿梭在大街小巷，而这许许多多的工

▲沈阳故宫建筑群

厂，支撑起了一个新中国。

沈阳是中国东北最大的城市，也是中国重要的工业基地和历史文化名城。1625 年，清太祖努尔哈赤迁都于此，1636 年，皇太极在此建立清王朝。1644 年，清军入关定都北京后，确定沈阳为陪都，清文化遗存成为沈阳的重要特征，其中最著名的，是清政府迁都北京前的皇宫、号称“陪都宫殿”的沈阳故宫。在中国现存皇室建筑群中，沈阳故宫的规模和保存状

况仅次于北京故宫。与中国传统的皇宫建筑不同的是，沈阳故宫的建筑格局，脱胎于游牧民族的帐殿，有着浓郁的游牧文化特征。比如，沈阳故宫的寝宫比正殿高，这是满族在山林中游猎时择高而居的生活习惯的延伸。另外，沈阳故宫建筑群东路的大政殿，从建筑上看就是一个亭子，不过规模很大，装饰也很豪华，被当作宫殿供清帝办公和举行大典。大政殿两侧的 10 座亭式小殿，是给朝廷大臣办公用的，由北向南呈雁行分布。这 11 座亭子就是 11 座帐篷的化身，显示了游牧民族从流动、迁移到固定下来的文化发展历程。

沈阳故宫的主体部分初建于公元 1625 年，清朝的康熙、雍正、乾隆三朝又加以修缮、增建。沈阳故宫融汇了汉、满、蒙、回、藏等多民族建筑的艺术风格，成为中国传统文化和民族风格融合的重要标志。2004 年 7 月，联合国教科文组织第 28 届世界遗产委员会会议，批准了沈阳故宫作为明清皇宫文化遗产扩展项目列入世界遗产。沈阳同时被列入世界遗产的还有被称为“盛京三陵”中的福陵和昭陵。其中福陵是清太祖努尔哈赤和孝慈高皇后的陵墓，昭陵是清太宗皇太极和孝瑞文皇后的陵墓。这些遗迹体现了浓郁的满族风情，记录着清王朝数百年间的风云变幻，让沈阳成为中国独一无二的“清文化城”。

沈阳的“一宫两陵”，作为研究清文化的起点，是海内外学者竞相追逐的热点。但是他们到了沈阳就会发现，除了这些货真价实的清文化外，沈阳的工业文化也是赫赫有名的，跟清文化一样名声在外。

沈阳被称作“东方鲁尔”，自上世纪五六十年代起，就是中国最大的重工业基地。在这里，中国自行设计研制了第一架高空高速歼击机和歼击教练机，还生产了第一枚地对空导弹。此外，沈阳还能制造世界上最复杂的民用飞机零部件和最灵巧的机器人。工业文明的发展也让沈阳拥有了标志性的文化和设施。数十年以前，沈阳半个城区都分布着高耸的烟囱。一个个工厂像游戏拼图一样，密密麻麻地分布在城区之间，它们制造出了中国所需的各种工业机械。工厂生产忙碌的时候，每天都有数以万计的产业工人骑着自行车一路飞奔，在街头和厂区，常常能听到叮叮当当的车铃和饭盒声。

当然，今天的沈阳街头已经看不到这样的场景了。当传统产业向新兴产业转变的时候，沈阳市区有很多超过 50 年历史的厂房和建筑被保留下来，成为见证沈阳城市发展的工业文化遗迹，也载入了沈阳城市的历史记忆。这些遗迹成了现代人热衷的工业旅游项目，是沈阳旅游文化的一部分。

近年来，沈阳从一个传统的工业城市，成功地转变为一个生态城市。2006 年沈阳成功举办了世界园艺博览会，给世界带来奇迹。沈阳“世博园”总规划面积 5.3 平方千米，建设了 100 个风情展园，是迄今为止世界园艺博览会历史上占地面积最大、展园数量最多的一个。其中既有反映中国传统文化的国内园，也有充满异域风情的国际园，还有展示各种珍奇的专类展园。世博会给沈阳留下了四大主题建筑，其中高 125 米的百合塔，像是刚刚开放的百合花，它是世界上最大的雕塑体建筑，在塔上可鸟瞰全园风景。

大连：时尚都市，北方香港

大连是中国著名的海滨旅游城市，素有“北方香港”的美誉。蓝天、碧海、白沙构成了那里美丽的海滨风光。人们称赞大连不是把花园建在城市里，而是把城市建在花园里。大连不大，却是中国广场最多的城市。全城共有 80 多个广场。在大连，地方再小，只要有四面辐射的街道，中心就会被用来建广场，并种植绿地。大连的绿化覆盖率达到了 41%。骑着高头大马的漂亮女警察在广场巡逻，是城市街头的一道风景，让外地游客羡慕不已。大连散发着国际化的时尚都市魅力。

其实，大连最早的知名度是跟足球有关的，足球让这个美丽的海滨城市更加光彩四溢。足球运动在大连有着很高的地位，从市长到普通百姓，都有着很深的足球情结，足球也给大连人带来了巨大的荣耀。从新中国成立后开始，大连向国家球队输送了 120 多位足球队员，这个数字在国内各城市当中是首屈一指的，它让大连成了中国名副其实的足球城。更重要的是，早些年，大连的足球一直在全国保持着无法撼动的霸主地位，连续十年的甲 A 联赛，大连足球队七次夺取冠军。在球迷眼里，足球成为大连重要的魅力元素。每逢重大比赛，大连人就像过节日一样激动。

足球的霸气造就了城市的名气，在大连球队远征的时候，紧随前去助威的大连球迷爆发的热情，连主场的球迷都很吃惊。球迷和足球一起，帮大连打造了一张最具有代表性的城市名片，让所有喜欢足球的人提起这个城市都为之痴迷。

当然，大连的魅力不仅源自足球。在国际上享有盛名的大连国际服装节，同样也展现了大连的城市风采。

大连在改革开放以后，就以“敢穿”天下闻名。20 世纪 80 年代，在国内其他城市还没有找到发展定位的时候，大连首届服装节就大张旗鼓地开幕了。这个富有时尚气息的举动，引领着当时城市服装消费的潮流。服装节结束后，中国各地的服装经销商都跑到大连进货，回去往服装商场一

▲大连国际服装节

挂，总能吸引很多追求时尚的姑娘小伙儿的注意。

大连国际服装节把流行风尚和城市文化融合到一起，创造出了吸引眼球的文化经贸活动。尽管近年来不少城市都学着搞起了各种各样的服装节，但看过大连服装节的人，却觉得似乎只有在大连举办的才是最地道的。大连服装节，已成为集经贸、文化、旅游于一体的国际性经济文化盛会。每年 9 月，众多时尚名模、顶级设计师和名人、政要、影星、歌星都来到大连，星光灿烂，满城男女老少的情绪也随之激荡起来。外国友人称大连国际服装节足“大连的狂欢节”。

服装节对这个城市来说，似乎就是一件靓丽的外衣，把大连装扮得很漂亮，也让大连人充满自信。在服装文化潮流的熏陶下，大连人的服装品位更显突出，这种消费文化的优雅，也促进了大连的城市文明。在足球和服装组成的阳刚与时尚里，城市也愈发干净漂亮。

保定：京畿重地，叱咤风云

保定是尧帝的故乡，流传着许多美丽的传说。春秋战国时期，燕、中山就在境内建都，具有3000多年历史。宋时，因处于宋辽边界，战火频燃。金代末年，保州城在战乱中成为废墟，后又重建。明代改建后，整个城池形似足靴，故有“靴城”之称。保定自古为京畿重地，元朝设郡，明朝建府，清朝为直隶总督署，此后一直是河北的政治、经济、文化和军事中心。

保定之名，寓保卫大都、安定天下之意。自古至今，要想攻取北京，必要先占领保定，所以，不仅古代有“京畿重地”的美名，今天的保定也有“首都南大门”之称。

在保定中心一个数十平方里的区域内，积聚着大小72座衙门，是全国唯一的一座五衙同城的古城，充分体现了雍乾时期的建筑风貌，每座衙门的背后都蕴涵曾经叱咤风云的过往。

直隶，是清代总督的办公处所，因其直接隶属京师而得名。从雍正七年（1729）开始，历经清代雍正、乾隆、嘉庆、道光、咸丰、同治、光绪、宣统八帝共182年，先后有74人99人次就任直隶总督。

清王朝问鼎中原后承袭明制，在全国继续推行行省制度，地处京师附近的北直隶被改为“直隶省”。直隶因位置重要，有拱卫京师之责，稍有动乱，便会危及朝廷，故直隶总督一衔位高权重，集军事、行政、盐务、河道及北洋大臣于一身，在清朝八位总督中排行老大，号称“八督之首、疆臣领袖”。所以，能当上总督自然是至高无上的荣誉，不仅受到统治者的倚重，而且皇帝还会赐匾赐幅，对其恩宠有加。雍正皇帝就曾亲笔题赠当时的直隶总督唐执玉一块匾额，上写“恪恭首牧”，意思是直隶处于王朝统治的中心，具有保卫京师、就近顾问之责，是疆臣之首，所以称之为“首牧”。特别到了晚清，几位重臣如曾国藩、李鸿章、袁世凯等任直隶总督后，直隶总督的权势和声威更进一步提高，李鸿章任职时间最长，达25年之久，他不但主控直隶的军政大权，还遥控清朝的内政、经济、军事、外交，权倾一时，炙手可热。

“一座总督衙署，半部清史写照”，曾经，这里公文来往，脚步匆匆，这座衙署的一举一动都可能影响着清朝的盛衰，洋务运动从这里发起，北洋海军的组建在这里谋划，军队改革、武器革新在这里决定，废除八股，兴办学堂，派遣学生留洋，实行新的教育制度改革也是从这里开始，这座衙署，见证了无数官员的宦海沉浮和一个王朝的兴衰成败，也正是这半部清史，拉开了中国近代社会文明的帷幕。

1900 年，八国联军侵入中国，强迫清政府签订了丧权辱国的《辛丑条约》，驻天津小站的练兵机构——武备学堂，被迫迁到保定，为军校的成立奠定了基础。1902 年，在袁世凯、冯国璋、段祺瑞等的参与下，保定陆军军官学校正式创立。保定军校，是我国历史上第一所正规化高等军事学府，开创了近代中国军事科学教育的先河，先后为国家培养了近万名各类军事人才，当中不少人后来成为黄埔军校教官，张治中、傅作义、吴佩孚、陈诚、白崇禧等都曾在这里就读。一大批保定师生成为叱咤风云的历史人物。他们的革命活动，谱写了中国近现代政治军事史的壮丽画面。

保定军校自建立之日起，即标榜“军人以保家卫国，服从命令为天职”，“军人不问政治为高尚”，形成保定军校学生一种职业军人的特点。学校的学生虽然是北洋军阀培养的，但不少毕业生却有民主思想，不少人都加入了国民革命军参加北伐战争。无论是孙中山先生创办黄埔军校时，还是蒋介石独裁时代极力培植自己的体系——黄埔系，保定军校毕业生都是他们首选的军事教育骨干。而保定毕业生在国民革命军中形成了所谓保定系，可谓是黄埔系的师长辈们。

保定军校之所以中外闻名，与其对中国近代史影响之大分不开。其中不少毕业生都为中国人民的革命事业立下了不朽的功勋，如我党著名的军事将领叶挺，民主革命的骨干李济深先生等。

1937 年 9 月，保定沦为日军统治区，保定不仅是赫赫有名的冀中平原抗日根据地，又是游击区和沦陷区，日军不断推行“治安强化运动”和惨无人道的“扫荡”，残酷屠杀抗日军民，使这片抗日根据地处于日军和国民党顽军的包围和夹击之中，形势十分严峻。英勇不屈的保定人民，不但取得了对敌斗争的重大胜利，也创造出了闻名中外的保定抗战文化。各种报刊以革命为背景纷纷创立。毛泽东的《论持久战》在这里发表，中国第一部《毛泽东选集》也是在这里出版。在中国现代文学史上，也诞生了以著名作家孙犁为代表的荷花淀派保定作家群。

美丽的白洋淀，是小兵张嘎的故乡。赫赫有名的雁翎队靠着茂盛的芦苇的遮挡，驱船为马，投苇当剑，芦苇荡荡，湖水泛涟，留下了机智的革命故事。易县革命老区，著名的黄土岭战役和狼牙山五勇士的故事，谱写了曲曲悲壮的赞歌。冉庄地道战景区，这里仍保留着20世纪三四十年代冀中平原村落的环境风貌，身处其中，让人如置身于炮火连天的战争岁月。后来改编的影视《平原游击队》《烈火金刚》《野火春风斗古城》《地道战》《狼牙山五壮士》《白洋淀纪事》《小兵张嘎》……都反映了冀中军民在平原游击战争史上辉煌灿烂的历史。

承德：不战之城，璀璨文化

承德，古称“热河”。热河之称始于清代，热河改称“承德”亦在清代。雍正元年，清政府置热河厅，热河之称始见。热河，因“热河”之水而得名。成书于清乾隆年间的《钦定热河志》有句：“山庄内有温泉出而汇入武列水，俗遂有热河之称。”雍正皇帝将与县平行的热河厅升为州的建制，钦命为“承德州”，承德之名出现。

承德，意为“承受德泽”，语出自《尚书·周官》“六服群辟，罔不承德，归于宗周”之句。承德原为官职“承德郎”之意，用于地名一是历史上的盛京，二便是原称“热河”的承德。承德是一座先有夏都的载体——避暑山庄，而后才有承德老城的兴起，承德城是由山庄伴生而来的。承德由村庄升级为城市，一步登天，这在我国的历史文化名城里，也是独一无二的现象。

清朝入关后，大量河南、山东、山西人在闯关东的路上来承德落脚，移民到此。特别是几任清帝，在承德建设避暑城，为承德留下了宝贵的皇家园林——山庄和外庙。

闻名遐迩的避暑山庄曾是夏季处理朝政的热河行宫，承德民间有“热河化兵”的传说，当初未建避暑山庄时，有位总兵上书，请求拨款重修长城，以固边防。康熙不同意，认为要太平，关键在上下一心，众志成城。后来，随着避暑山庄的修建，热河小城也逐步形成。与其他古城不同的是，这里地势开阔，无险可守，却不曾建城墙城门，但建城300余年也未曾刀兵相见。清乾隆不仅把承德当“夏都”，也视为联合、融汇各民族的“平台”。“热河化兵”的传说也成为一种文化元素传承下来。

▲承德避暑山庄

人们说："有了避暑山庄才有承德市。"清代，自康熙皇帝选址肇建避暑山庄起，经康、雍、乾三帝，耗时89年建成，是清代皇帝夏日避暑和处理政务的场所，清帝及其大臣们想避暑、狩猎、练兵、议政以及举行庆典和接见外国使节时，每每到此，使得"理朝听政"与"休息娱乐"高度统一，为中国著名的古代帝王宫苑。凭山依水，奇景天成，蜿蜒起伏、宛若腾飞巨龙的宫墙围绕周围，内共有包括"康乾御题七十二景"在内的景观120余处，古朴典雅，凝重肃穆，荟萃了天下美景。

如果说承德作为"清朝第二个政治中心"生动地记录了清王朝末叶的一幕幕波澜壮阔的政治和外交风云，那么避暑山庄则历经风云变幻，诉说了"康乾盛世"，甚至一个王朝的盛衰史。

乾隆皇帝在这里接见、册封厄鲁特蒙古杜尔伯特部首领三策凌；接见、赏赐蒙古土尔扈特部首领渥巴锡、迎接六世班禅，对北方少数民族"慑之以兵威，怀之以德"，"令人心中悦服"，效果卓著；接见了朝鲜贡使朴趾源、英使马戛尔尼；嘉庆、咸丰皇帝病殁于避暑山庄"烟波致爽"殿西暖阁；咸丰皇帝在西暖阁签准了丧权辱国的《北京条约》；慈禧太后在避暑山庄策划了"辛酉政变"……

作为清帝理想的避暑理政之地，清初的康、乾、嘉三帝几乎于每年的五月前来，九十月离去，时间长达半年之久。康熙皇帝曾56次前来，乾隆皇帝来过53次，他们在这里度过了多少个“万寿节”、举办过多少次“千秋宴”……

山庄的东北部，环列着12座规模宏大、气势磅礴的寺庙，是依照西藏喇嘛教寺庙形式修建的，建筑精湛、风格各异，即著名的“外八庙”，可以瞻仰西藏布达拉宫的气势，领略日喀则扎什伦布寺的神圣，一睹山西五台山殊像寺的风采，品味新疆伊犁固尔扎庙的雄奇，这些寺庙众星捧月般，体现天下一统之势。

在这里，帝王们用心良苦地把通过军事征战才可实现的“定国安邦”用艺术的手段体现了出来，从而达到了使北方少数民族心悦诚服之目的。承德，一时间成了北方少数民族王公首领向往、朝觐的中心。

春秋战国时期，齐桓公在承德境内留下了“老马识途”的典故。秦始皇时，在承德北部修筑了土质长城，这就是“秦筑长城紫色土”的由来，这一举动也给承德留下了另外一个美丽的名称——“紫塞”。魏晋时期，曹操北征乌桓，在承德境内大败乌桓军，为北方统一作出了贡献。元朝时，这里成了民族融合的大熔炉，人流如织，富裕繁荣。明代，戚继光督修长城，也给承德留下了光辉灿烂的一笔。

康熙皇帝的笔下，承德“地扼襟喉趋朔漠，天留锁钥枕雄关”。说来奇怪，地理位置如此显要的地方，城内外虽然曾多有战事，热河省境内，亦不乏血战杀场，但唯独热河城下，从未动过刀枪，每次双方还没开战，城里军队便早已撤离，故热河城又有“不战之城”的美誉。这里，是燕文化与中原文化、草原文化与农耕文化相互交流的地方，也是北方少数民族与汉族人民碰撞融合的地方。

如今，这里皇家文化独树一帜，有世界现存最大的皇家园林避暑山庄，皇家寺庙群外八庙，佛教文化底蕴深厚，作为藏传佛教圣地，来过的几位班禅均称承德是一处“文明、祥和的福地”；民俗文化也别具特色，因为承德自古是少数民族的聚居地，从而形成了特有的民族民俗文化，“河的源头、云的故乡”，这里奇峰异石突出，丹霞地貌文化也是大放异彩。

另外，剪纸作为地域传统家庭文化和民族艺术的遗产，遍布承德各县区，尤以丰宁剪纸最为著名。

深圳：移民城市，活力四射

深圳，又称为“鹏城”，国际化大都市，全国经济中心城市，国家创新型城市，国际花园城市，全国四大一线城市之一。深圳是中国最早对外开放的城市，中国第一个经济特区。深圳已发展成有一定国际影响力的国际化城市，创造了举世瞩目的“深圳速度”。深圳是中国南方重要的高新技术研发和制造基地，是世界第四大集装箱港口，中国内陆第四大航空港，中国优秀旅游城市。由于毗邻香港，市域边界设有全国最多出入境口岸。在中国经济中占有举足轻重的地位。

深圳是一个年轻的、由移民组成的城市，它从南海边一个小小的渔村一跃成为今天的大城市，用了不到30年的时间。深圳，是一座没有方言的城市。在这个城市，新移民占到了五分之四，大家说着通行的普通话；年轻的人们怀揣着创业的梦想，来到这片热土，让这个城市显得活力四射。

深圳位于广东省的珠江入海处，与九龙半岛接壤，与香港特别行政区仅一河之隔。大京九、京广暨广九两条铁路大干线交汇于深圳，连接香港，把内地、深圳、香港融为一体。深圳特殊的口岸位置，使它能够在改革开放的初期，起到桥头堡的作用。在深圳经济特区成立之初，人们曾用淘金来形容这个城市的吸引力。城市规划者把来这个城市工作和生活的条件放到了最宽，规定凡是有一技之长又愿意为深圳作贡献的人，都可以在这里得到安置。这为各种人才提供了一个公平竞争和实现自我的广阔天地，于是，国内数不清的知识人才源源不断地涌入这里。这些移民遍布深圳的各行各业，他们白手起家，用“时间就是金钱，效率就是生命”的口号激励自己，创造了让国内外惊叹的“深圳速度”。在深圳开始试验的改革逐渐推向全中国，深圳的改革观念成为全国的观念。在此后的很长一段时间内，深圳的建设成就给中国其他城市提供了一种示范效应。那些紧随其后开放的城市，常常用深圳速度激励自己加快发展。

作为改革的先行军，深圳始终保持着某些别的城市无法超越的优势。人们经常说，深圳就像一张白纸，在最短的时间里绘出了奇迹，而且丝毫不拖泥带水。它的效率有着极佳的口碑，比如深圳标志性的地王大厦，在建造时曾经创造了“九天四层楼”的“新深圳速度”，而且在它施工的两年时间内，附近的马路总是干干净净的，人们从来没有感到过脏乱和喧嚣。深圳的成功，浓缩了中国改革开放的标志性成就，也让深圳成为展示中国经济活力的窗口之一。

▲深圳市夜景

深圳是一个很有远见的城市，它在发展经济和其他高新技术产业的时候，没有忽略美丽风景的建设。在深圳具有很高知名度的植物园、海上世界、锦绣中华这些人文自然景观，把深圳缔造成了一个现代、美丽的绿色家园。

拥有现代生活方式和美丽风情的深圳，是中国享受发展成果意识最成熟的城市。深圳的娱乐活动极其丰富，每到周末或者夜晚，综合性电影娱乐中心、高尔夫球场、网球场、海滨浴场、溜冰场、保龄球馆等，总是充满生气。跟中国其他城市相比，深圳对西方文化的认同和接受程度也比较高，在圣诞节或者情人节等西方节日来临时，大大小小的餐厅和活动场所总是人满为患。随着世界高新技术产业纷纷落户深圳，越来越多的异域文化和餐饮消费在深圳出现。

深圳还有不少高档次的购物中心，比如人民南路的商业中心区，那里矗立着国贸商场、免税商场、国际商场等多家大型商场。与香港一线之隔的中英街，也是外来游客最喜欢逛的地方，人们喜欢去那里买金银饰品、布料成衣，顺便打量一下背着冲锋枪站在那里值勤的威严的士兵。

榆林：城扁街宽，坚厚城垣

榆林城平面图呈古刀币形，又有“小北京”之称，始建至今已有好几百年的历史。由于军事和经济发展的需要，榆林城池曾进行过三次较大规模的维修扩建，史称“三拓榆林”。如今的城墙高大宽厚，庄严巍峨，明清时的衙署店铺，青灰石瓦的四合院民房，曲折蜿蜒的石子小巷，厚厚的木门，精美的门环。当年，老舍先生来到这里，曾用“城扁街宽”，“坚厚城垣”，“具有北平的局面”来描写榆林城。

古城内有世称“北台南塔中古城，六楼骑街天下名”的明清建筑古迹，飞檐翘角，别具一格，将一个榆林烘托得古色古香，尽显明清重镇的风采。

“北台南塔”是指城北的镇北台和城南的凌霄塔，长城三大奇观，东有山海关，中有镇北台，西有嘉峪关，其中，镇北台建于明代，控南北之咽喉，锁长城之要口，是明长城气势磅礴的防御性观察所，号称“万里长城第一台”。

而名扬天下的六楼骑街，指的是坐落于城内大街的、形态各异的六座古楼阁，由南至北依次是文昌阁、万佛楼、星明楼、钟楼、凯歌楼和鼓楼，美轮美奂，有“一串珠”之称。由于这些古楼阁下车辆皆可通行，因而又有“六楼骑街”之美名。清晨，晨钟悠扬，从睡梦中醒来的榆林人们开始了一天的劳作，城楼底下，行人往来穿行，沿途摆满了商铺货摊，小贩们沿街吆喝，熙熙攘攘，一派热闹非凡的人间烟火之象。每一座楼，都有一段自己的历史，在历史的风云变幻中，记录着榆林的盛衰。

例如原名怀德门的凯歌楼，正德年间，蒙古贵族残余势力不甘臣服，蠢蠢欲动，多次骚扰边境，百姓苦不堪言，当时的延绥巡抚姚镆率领大军击败了入侵的蒙古军队，归来时在怀德门前举行了盛大的庆祝仪式，载歌载舞，怀德门自此被改称为凯歌楼。还有建于清乾隆十九年的文昌阁里，有民间传说主宰世间文人命运的文昌和魁星，所以，历代文人学士为求取功名或是谈诗论道，络绎不绝的云集此处。不仅如此，这里还是旧时当地民间传统的“泥娃娃会”的中心，每年暮春时节，身怀绝技的手工艺人带着各自得意的手工艺术品在此一展拳脚，红红火火，热闹非凡，当地人也因此得已大饱眼福。

在榆林市米脂县城北的盘龙山上，有一座李自成行宫，相传就是为他回乡省亲而建的。李自成何许人也大概无人不知，作为明末农民起义领袖的他原名鸿基，称帝时以李继迁为太祖，世居陕西米脂李继迁寨。

童年的李自成喜欢舞枪弄棒，不过家境并不好，只是个地主家的放羊娃。崇祯二年起义后成为闯王高迎祥部下的闯将，有勇有谋，胆识过人，深为人佩服。高迎祥牺牲后，因为声望很高，他被推为闯王。十三年时，

▲李自成行宫

在巴西鱼腹山被困，以五十骑突围，进入河南。当时中原阶级矛盾尖锐，战乱频繁，民不聊生，李自成采纳了李岩提出的“均田免赋”口号，深受百姓拥护，口中高喊“迎闯王，不纳粮”歌谣。“远近饥民荷锄而往，应之者如流水，日夜不绝，一呼百万，而其势燎原不可扑”就是当时开仓赈灾的盛况。1635 年，他与高迎祥、张献忠等十三家七十二营起义军在河南召开“荥阳大会”。后来，张献忠与李自成不合，分军东走。

随着势力的不断壮大，崇祯十六年李自成在襄阳称新顺王。次年正月，建立大顺政权，年号永昌。这之后没多久张献忠克武昌建立了“大西”政权。10 月，李自成攻破潼关，占领陕西全省。1644 年在西安称帝，以李继迁为太祖，建国号“大顺”。

不幸的是，自古起义胜利后领袖们总会骄傲自大，这次也不例外。在再三迫害吴三桂后，终于逼得吴三桂造了反，引得清朝贵族入了关，联合进攻农民军。而李自成在抗击没多久后竟然神秘消失，一代闯王文韬武略，就这样生不见人死不见尸地消失，也给后人留下了无数的揣测。李自成的余部们降清后，又反叛清朝，继续抗清斗争。

据《明史》记载，李自成起义后曾先后两次回到家乡。一次是在崇祯九年草长莺飞的四月，当时，李自成起义军活捉了延绥总兵又打败了明军，在延安开过庆祝会后北上回到米脂，驻兵马鞍山。传说米脂百姓见李自成归乡，无不欢天喜地，鼓声载道，他们头顶着香炉，手提着酒浆，万人空巷地迎接这位家乡英雄。李自成深深地被家乡父老乡亲的热忱所感动，不仅下令不许攻城，还亲临城下，唤出知县边大授，对他说：“此吾故乡也，勿虏我父老。”随后又留下白银 3 万两，让其重修文庙，兴办义学，培养家乡人才。

榆林，能源矿产资源富集，有世界七大煤田之一的神府煤田，有我国陆上探明的最大整装气田。煤炭、天然气、石油不仅组合配置良好，而且开发潜力巨大，是中国的能源供给地，正在建设的国家能源化工基地，也是西气东输、西电东送、西煤东运的重要源头。

景德镇：陶瓷之都，脱颖而出

景德镇位于江西省东北部，黄山、怀玉山余脉与鄱阳湖平原过渡地带，为明清时期的中国四大名镇之一。景德镇是国务院首批公布的全国 24 个国家历史文化名城之一和国家甲类对外开放地区，获得了中国优秀旅游城市，国家生态园林城市等称号。

产瓷器最著名的地方当属景德镇了，景德镇官方对自己的诠释是“世界上唯一的以单一行业发展起来的城市”。景德镇在唐代之前的历史变迁没有什么太突出的成绩，一直都是县里一个小镇子，没有太多的繁荣和昌盛可言。唐武德四年置新平县，景德镇为县属，因在昌江之南，故又称为昌南镇。景德镇在中国是“世界大国”的时期也成绩平平，它虽然从汉代开始就忙活瓷器这个活计，但到了唐代只是小有名气，真正出了大名那是在宋代。宋真宗景德元年，因镇产青白瓷质地优良，遂以皇帝年号为名置景德镇，并沿用至今。再后来，瓷器被叫做“china”，它的发音源自唐代景德镇的名称“昌南”，而后来英语用“CHINA”来称呼中国，大概不明状况的人都以为中国就是专产瓷器的国家吧，可见瓷器是外界了解中国的一条重要途径。

景德镇的“大繁荣”在宋代，在良好的“市场经济”条件下，景德镇的瓷器以质取胜、以新取胜，击败了同一时期其他地方的对手脱颖而出。

元代是景德镇发展的一个重要时期，统治者在这里设置了“浮梁瓷局”，全国制瓷业逐渐向景德镇集中，这就为后来成为“瓷都”打下了坚实的基础。

▲景德镇民俗博物馆

明朝的郑和七次下西洋带去了大量的瓷器，外国人少见这么漂亮的瓷器，一下子乐坏了，其中景德镇的瓷器更是大受追捧，青花瓷在外国人看来是不可多得的珍品。而景德镇的名字猛地一下在国外打响了，瓷器也越来越多地销往国外，这种情况在《明史》和郑和随行翻译费信著的《星搓胜览》里都有记载。那时，哪个外国人家里能摆上一个青花瓷器，那绝对是富贵的人家，时至今日，外国的朋友在婚礼或重要的场合馈赠对方名贵的瓷器也是种很高的礼遇。

景德镇的瓷器素有“白如玉，明如镜，薄如纸，声如磬”的独特风格，青花、玲珑、粉彩、色釉，合称景德镇四大传统名瓷。薄胎瓷人称神奇珍品，雕塑瓷为中国传统工艺美术品。

景德镇因瓷器业之盛而在历史上与汉口镇、佛山镇、朱仙镇并列为全国四大名镇。

外国人中意景德镇的瓷器，也因此景德镇瓷器才算得上送得出手的东西。1951 年，景德镇制作的“水浒故事瓷盘”由当时的中共领袖毛泽东作为国礼赠送给苏联领袖斯大林，后该瓷器为俄罗斯国家博物馆珍藏。1970 年，时任副总理的邓小平将景德镇的青花文具作为礼品赠给日本皇太子和日本首相福田。1972 年，美国总统尼克松访华，当时的中共国务院总理周恩来以景德镇的青花餐具赠与尼克松。2002 年，中共中央总书记江泽民访美时，将景德镇的釉中彩“吉祥如意”餐具作为国礼赠送给美国总统布什。由此也可见，景德镇的陶瓷在中国文化中占有何等重要的位置。

景德镇的瓷器古时候兴盛，现在也得宠，然而陶瓷业的发展想要一帆风顺却也没那么简单。清乾隆之后，景瓷生产从巅峰走向下坡路，产量、器质、品种、造型等都呈明显萎缩状态。鸦片战争之后，外贸入侵，列强是用机器做瓷器的，中国“纯手工”做出来的太少了，成本也高，外国的就便宜多了，因此景德镇的瓷器的竞争力下降了，连明清两代为供应宫廷所需瓷器而设的御器厂都垮了，那些小厂更是垮了一片。

新中国成立之后，景德镇与县划开建市。中国科学院院长郭沫若曾以“中华向号瓷之国，瓷业高峰是此都”的诗句盛赞景德镇的陶瓷。后来景德镇的瓷器业又蓬蓬勃勃了，还是全国第一，还是世界知名的。

景德镇瓷器现在兴盛的程度是，出售瓷器的时候只要是打着“景德镇”的旗号，而无论是否货真价实都会被抢购一空。而想看看古时景德镇的兴盛只好通过那些古窑的遗址了。

西郊古窑遗址与景德镇陶瓷历史博物馆组成了景德镇陶瓷历史博览区，是景德镇历史文化的缩影，里面有历代古陶瓷珍品陈列，传统镇窑展示和手工成型制瓷工艺演示，通过这些仿佛便能看到古代的景象，历史显得那么真实。此外的湖田古窑遗址也是景德镇旅游的一个重点，它是中国宋元两代各大制瓷规模最大、延续烧造时间最长、生产的瓷器最精美的古代窑场。

景德镇陶瓷馆是专业的陶瓷艺术博物馆，馆内收藏了大量名贵的瓷器，从这些瓷器的形态和花纹可大致看到景德镇陶瓷发展的过程，想必这些对深入了解景德镇瓷器文化大有裨益。

喀什：古老神秘，遥不可及

喀什，全称“喀什噶尔”，维吾尔语义译为“宝玉石集中的地方”。位于喀喇昆仑与神秘瀚海的塔克拉玛干大漠之间，是典型的绿洲城市，也是中国地处最西的城市。喀什市古称“疏勒”，历史上是横贯亚欧大陆“丝绸之路”，中国南、北、中三路在西端交汇的商埠重镇。在15世纪海路开通之前，喀什作为古“丝绸之路”的交通要塞，一直是中外商贾云集的国际性商埠和东西方文化交流荟萃之地。喀什噶尔，这是个多么古老、神秘而又遥不可及的城市。

汉武帝元狩四年（前119），汉博望侯张骞奉旨通西域时进驻疏勒，这里始为汉朝所控制。公元前60年，汉朝在新疆设置西域都护府，喀什作为西域的一部分，正式列入中国版图。唐太宗以后，这里为唐朝政府的重要军事据点，是著名的“安西四镇”之一。清乾隆时期这儿是清政府“总理南八城事宜”的喀什噶尔参赞大臣的驻地。民国年间改为喀什行政区。

这座具有灿烂历史的边陲古城，有文字记载的历史已有2100多年。在长达2000多年的漫长岁月中，这里既是中西方交通的咽喉枢纽，中西方文化交流的荟萃之地，又是南疆西部的中心城市，区位独特，民俗浓郁，在历史上，喀什有过光辉灿烂的一页，为东西方文明的交流作出过重大的贡献。

走进喀什老城高台民居，就犹如走进中世纪，那幽暗的门洞下走来的蒙着褐色面纱的少女那忧伤的眼睛，会将你拽入一种静穆伤感凝重的情绪之中。不善于远涉、漂流的维吾尔人是喜欢固守家园的，挂满葡萄藤的庭院里，碧绿累叠，阳光静静流泻，滑过原木门上精美的雕刻花纹，岁月也如水般静悄悄地在这座古城流淌。

几十个世纪过去了，岁月流转，日月沧桑，尼雅城被吞食，楼兰城消弭无影，塔里木河水改道，罗布泊也早已干涸。天地的变幻无常令人畏惧，而喀什这座塔克拉玛干西缘的小城不仅完好无缺地保存了下来，成为西域的生存标志，而且以荟萃祖国西域文化的活化石蜚声中外。

喀什是中国最西端的一座城市，是古丝绸之路中国段南、北、中诸道的交汇点。早在公元前2世纪，喀什就是西域三十六国中的一个，唐朝时期跻身著名的“安西四镇”。小城有很多迷人之处，包括优美的自然环境、宁静的田园风情和神秘的民族文化。据说在中国家喻户晓的民间故事的主人公——聪明的阿凡提也出生在这里。

人们常用“不到喀什，就不算到过新疆”来说明到喀什观光旅游的重要，说明喀什真的是值得前去的地方。喀什地区与塔吉克斯坦、阿富汗、巴基斯坦接壤，与吉尔吉斯斯坦、印度为邻，边境线长888千米，这个地方集合着中国的传统文化和地方民族特色，同时又充满了优美的自然风光

▲**喀什机场**

和异域风情。喀什的大街上，经常能看到成群结队的欧洲游客，喀什的机场每天有若干班次的国际航班起降。许多内陆城市的游客到了这里，感觉像是到了一个异域小城，但那些和善的维吾尔族笑脸，却又分明是中国的。

无处不在的异域风情印证了喀什的魅力。作为丝绸之路上的重要中转站，喀什以它地域上的优势和便利，成为中国西部开放最早的国际市场。自汉朝开始，友好的使者和骆驼队就穿越茫茫的沙漠、戈壁和山岭，把中国珍贵的丝绸和瓷器输送出去，又把异域的各种珍宝带回国内，贸易让这个边陲小镇变得异常繁华热闹。如今的喀什更是市井繁盛之地，这里有南疆最大的贸易市场“东门巴扎”，巴扎上，游客可以看到精致漂亮的维吾尔族小花帽、做工精巧的英吉沙小刀、造型各异的铜器和具有民族风格的陶器等手工艺品，充满了民族特色和异域风情。

国际贸易的繁荣，也给中西文化的交流提供了空间，文化的融合给这个小镇留下了丰富的历史遗存。在城市中心最显眼的地方，有一座伊斯兰风格的建筑，这便是喀什城的象征——著名的艾提尕尔清真寺。艾提尕尔在维吾尔语中是“节日，欢乐的广场”的意思。艾提尕尔清真寺最早建造于 1442 年，后来进行了大规模的扩建，成为中国最大的清真寺。清真寺南北长 140 米，东西宽 120 米，是全新疆的宗教活动中心，同时还是穆斯林庆祝古尔邦节和肉孜节的场所。每逢礼拜日和节日，会有成千上万的伊斯兰教徒集结在礼拜寺及大门内外的广场上，身着节日盛装的维吾尔族青年载歌载舞，通宵达旦狂欢，场面十分热闹。

同样值得一游的，还有著名的香妃墓。香妃墓是一座典型的伊斯兰式陵墓建筑，距今350多年，现为国家级重点文物保护单位。墓内葬着乾隆皇帝的妃子以及她家族的五代人，共72人。据说这个叫伊帕尔汗的女子身上有一股浓郁的沙枣花香，所以叫香妃。陵墓的顶部，如倒扣的铁锅，下边方方正正，外表用湛蓝、碧绿、金黄各色琉璃砖瓦镶砌。远远望去，五彩斑斓，耀眼夺目，宛若一座宏伟高大的宫殿。这座建筑把民族神奇的建筑智慧呈现得淋漓尽致，也成为喀什弥漫着神秘色彩的人文遗迹之一。

美丽的喀什也是适合放松心灵的优美田园。喀什出产大量瓜果，是久负盛名的“瓜果之乡”。这里出产的葡萄大概有500多个品种，一部分用来制作香甜的葡萄干、酿造醇厚的葡萄酒，一部分供直接食用。喀什市郊种植有大面积的葡萄园，仲夏季节葡萄成熟时，满城飘香。翠绿的葡萄架下悬挂着晶亮透明的葡萄，白色、红色、紫色、金黄色，形态不一，却都让人垂涎欲滴。好客的维吾尔族老乡，会慷慨地邀请客人品尝。在喀什的大街上，经常会看到游客一边吃葡萄一边逛街。喀什的街道充满浓郁的生活气息，烤馕的维吾尔族大婶、打铁的维吾尔族汉子、安坐在太阳底下的老人、嬉戏的儿童，日子过得悠闲自在，偶尔还有赶着毛驴车的维吾尔族老人扬着鞭子走过……

成都：休闲怀旧，富庶之都

成都，简称“蓉”，别称“蓉城”。成都横跨四川盆地、川西高原两大地形，南部、中部海拔较低，西部海拔较高。成都兼有山景、平原、丘陵之美，气候温和，雨水充沛，冬无严寒，夏无酷暑。成都土地肥沃、水利先进，物产十分富饶。

成都是一个让人来了就不想走的城市，这是一座把品味生活张扬到极致的城市。成都人散淡、悠闲、知足常乐，他们喜欢看报，喜欢喝茶，喜欢四人凑在一起打麻将。村头的老榆树下，斜倚在木椅上，泡上普通的盖碗茶，在闲暇里说些新鲜琐事，偶尔哼哼川剧独有的调子，听听茶馆说书先生的段子，吐一口乡里的草烟，说书先生穿着像是永远停留在20世纪30年代里的长袍，用独特流畅的“成都话”说尽天下无尽事。

来到成都，你会渐渐被成都的休闲与怀旧所感染，觉得生命本来就该

▲现代化都市成都

是这个状态。

位于四川盆地西部成都平原的成都市，是西南地区重要的中心城市。著名的都江堰水利工程的自流灌溉，使这里自古以来就是闻名遐迩的“天府之国”。

富庶的成都拥有独特的茶饮、休闲文化，成都式的生活方式在中国城市中独树一帜，城市居民生活质量在中国城市中也一直名列前茅。成都的舒适和安逸需要停留后才能慢慢体味，可是很多人往往把它当作了中转站，就连当地的旅行社向客人推荐的时候，也只把青城山、都江堰、峨眉山，甚至远处的九寨沟和黄龙当作首选，因为成都周边这些自然和文化遗产真的太优秀了，人们从四面八方而来，终极目的就是为了到这些地方游览。殊不知，这样一来，就会错过成都的精彩。要知道，这独特的文化和它缓慢悠闲的都市生活节奏，并不是每个城市都拥有的。

让我们从饮食文化谈起。在成都，吃是一件很惬意的事，而且不一定非名店不可。各色各样的精美小吃就充分体现了川菜的魅力，比如龙抄手、赖汤圆、夫妻肺片、担担面、老四川灯影牛肉干等。到了夜晚，羊市街西延线、科华北路、领事馆路、望平街等成都的饮食街，生意红火，绅士淑女们在此大快朵颐。成都菜以辣味居多。作为中国四大菜系之一的川菜以麻辣闻名天下，其强劲的势头早已渗透到中国各地每个角落。就连以口味清淡出名的上海、苏杭等地，川菜馆也是遍地开花，不能不让人惊叹川菜的魅力。

街头巷尾都能感受到成都悠闲的气息。成都有很多值得一去的小巷，比如全长350米的锦里风情街。街上有着古朴的茶坊、客栈、酒楼、戏台，各色小吃店和工艺品店绝不重样。另外还有包家巷、青龙巷、烟袋巷等，每条巷子都有自己的特色饮食，又能满足游人衣食住行的各项需求。不管是本地人还是外地客人，不需要依赖地图，你只消凭着感觉在街头慢悠悠地晃过，老成都的味道马上就能品味出来。

作为大西南的中枢，成都的繁华景象自不必说，商铺、坊场比比皆是，而茶馆更是此地一大特色。成都人爱喝茶的传统由来已久，露天茶馆和临街店面都各有各的特色。小憩、读书、约会甚至商谈，都可以在茶馆进行。露天的茶馆摆着雅致的藤椅，天气好的日子，往那里一坐，一杯花茶，一卷在握，一晃就是一天的时光。

茶馆是成都人的一方乐土，成都人生活的艺术尽在其中。体味成都人的生活，泡茶馆是一个好方法。成都茶馆具有丰富的社会功能，除了休闲之外，还是重要的社交场所和娱乐场所。茶余饭后，就着茶点小吃看曲艺表演，谈笑风生，实在很让人愉快。很多茶馆都安排有各种表演节日，以吸引客人。所以在茶馆往往能欣赏到川剧、杂技、民族歌舞等，这些节目很有巴蜀特色，也能让游客体验到很大乐趣。比如川剧中最为著名的“变脸”绝技，就可以在一些老茶馆看到。

文化公园的空地上，偶尔也能看到木偶表演。川剧木偶戏是很珍贵的民间艺术，它在街头出现，跟做竹编的阿婆、补鞋匠、裁缝等奇特的匠人一样，都让人感觉到这个城市的神奇和趣味。

成都普通的街巷，尽管没有那么热闹，却也充满了浓郁的生活气息。巷口的老人，要么在树下遛鸟，要么扎堆打麻将。游客逛到这里，完全可以围观一会儿，打麻将的老头老太自顾埋头发牌。停留的工夫，不时就有衣着光鲜的美女走过。这个城市得天独厚的地理条件造就了女孩白皙的皮肤和娇小的身材，美女和美食一样，也是成都的城市名片之一。

这个城市的民风闲散而无拘束，这个城市的生活优雅而充满诱惑。许多在成都中转的游客，本来是随便转转感受一下氛围的，却往往因为城市这些让人心动的特质，而长久地留了下来。

银川：地势平坦、山清水秀

从前有一只凤凰从南方飞到了这里，它在上空盘旋了很久，见这里地势平坦、山清水秀，黄土地上盎然着勃勃生机，便最终落在了这块土地上，幻化出了银川这座城市最初的样子。后来人们都知道这是个由凤凰变化出来的城市，便称这里是“凤凰城”，至今银川人还会面向这个城市指指点点地向外地人介绍说，凤凰的头是挨着黄河边的，东门外的高台寺就是了，高台寺旁边有两口井是凤凰的眼睛，凤凰的心脏便是城中心的鼓楼，西塔和北塔是凤凰的两只爪子，西马营里有缤纷的花和草，树木成荫，那是凤凰的尾巴哩，凤凰的尾巴可长了，一直拉到了贺兰山。

俗话说“凤凰不落无宝之地”，那只凤凰果真有双慧眼。这个城市形成之后，在几千年的文化发展中，独特的地理位置而致使中原文化、边塞文化、河套文化、丝绸文化、西夏文化和伊斯兰文化在这里交叉融汇，形成了银川独特的文化。

在银川境内发现的水洞沟文化遗址证明，早在3万多年前人类便在这里生息繁衍。匈奴、鲜卑、突厥、回鹘、吐蕃、党项等北方少数民族在贺兰山一带生活，游牧民族在贺兰山的山崖石壁上记录着自己的生活方式，岩画的主要内容为人类的活动，其次是牛、羊、马等动物图形，岩画上还记录了当时狩猎、祭祀时的情形。其他朝代和西夏时期的人也在石壁上增添了自己的内容。贺兰山岩画的内容丰富而图像栩栩如生，展现了先民的希望、勇气和恐惧，每一面石壁都诉说着那个时代里的向往、快乐和辛酸。

镇北堡西部影城原是明清时代的边防城堡，古堡现今仍保存着其原有的奇特雄浑、苍凉悲壮、残旧、衰而不败的景象。荒凉感、黄土味及原始化、民间化是这个地方最浓重的味道，因而形成了独特的风格。它的独到之处首先被作家张贤亮发现，而后就有众多的大牌导演前来这里取景。《红高粱》就是从这里走向了世界，《牧马人》《黄河谣》《黄河绝恋》《大话西游》《新龙门客栈》等60多部影视剧都在这里拍摄。这座影城托起了众多的国际性影片和众多的明星，而在影片中它却是最耀眼的。

从那些保存下来的古建筑中可以遥想当年的宁夏风光。承天寺塔建在

▲镇北堡西部影城

承天寺之中，俗称“西塔”。李元昊死后，其幼子即位，皇太后为保其子圣寿无疆并祈求李家江山永固而建了这座塔。海宝塔因与银川市西的承天寺塔遥遥相对，又俗称“北塔”，是我国十六名塔之一。其外观塔身形似“亚”字，这种造型在众多塔中实属罕见。殿内香烟袅袅，佛像栩栩如生。登楼眺望，黄河似巨龙飞舞，银川平原一览无遗，这景象实在是壮阔。

河套是黄河流域的重要组织部分，河套文化是草原文化与黄河文化所融合之后的产物，银川市就坐落于黄河的河套地区。银川文化深受河套文化的影响，河套文化“开放，进取，宽容，和谐”的特点也正是银川文化一直表现出来的特点，并且持续至今。

银川作为宁夏回族自治区的首府，回族文化可说是渗透银川肌肤的。广为流传于宁夏地区的“花儿”和口弦曲是非常具有民族特色的回族民间文艺形式。回族人普遍信仰伊斯兰教，他们的信仰执著而强烈，在婴儿诞生的当天或三天之内，就请一位阿訇给婴儿举行命名礼，也就是“起经名”，其意是表明要把这个“刚出生的小孩儿，由清真寺之外呼唤到清真寺之内，一生下来就要成为一个穆斯林”。城区内也多有穆斯林风格的建筑。

南关清真寺是银川最大的清真寺之一，始建于明末清初时，后扩建，面积有1200多平方米。寺为中国传统古典建筑风格，殿堂门窗皆为红松木，雕刻工艺精细，但却毁于“文革”之中，后改建为阿拉伯风格。这座清真寺一度成为银川最具代表性的建筑。

绍兴：江南水乡，荆楚之地

江南水乡，三吴荆楚之地。光是这几个字便能让人有着无数美好的想象。小桥流水乌篷船，油纸伞落着春光里的细雨，柳叶儿点点滴滴将这水乡染成绿色。这么一个水墨晕染的地方，自古风流名士，文人墨客，快意剑侠，圣贤夫子仿佛商量好了齐齐的在此处生养，仿佛天底下的钟灵毓秀之气都汇聚于此地。绍兴的秀美与风骨，便是说上千句，恐怕也没法说清楚吧？

即使是坐火车路过绍兴，都能看到密布的河道。这座江南小城素来以“水乡泽国”之称而享誉海内外，水道之多，已为它赢得了“东方威尼斯”的美誉。和水联系在一起的城市总是温柔的，而绍兴的文化气息又让她平添了书香和酒香交织的气质。相传4000多年前大禹为了治水曾两次亲自来到绍兴，治平了水土，所以到现在绍兴还遗存着禹陵胜迹。春秋战国时，越王勾践建都绍兴，卧薪尝胆时，“越池”一度成为我国东部政治文化中心。汉代置都稽州，隋朝改称吴州，唐朝又改称越州，南宋时改为绍兴府。绍兴曾荣获联合国人居奖的城市和中国最具幸福感城市，不仅是首批国家级历史文化名城，还是首批中国优秀旅游城市，而这么多的头衔，也只是为绍兴这个古老的名字多了些许现代的名号，但真正记在人心里的还是只有那简简单单却韵味丰富的两个字。

绍兴是一座拥有2500年历史的文化古城，被称作“没有围墙的博物馆”也是毫不夸张的。绍兴城内桥的数量是威尼斯的5.5倍，平均每1000平方米就有6.3座桥，这密度可是相当可观啊。有人说“悠悠鉴湖水，浓浓古越情”。绍兴向来以其悠久的历史、丰富的人文景观、秀丽的风光、丰富的物产而著称于世，自古就有“文物之邦、鱼米之乡”的说法。不光是游览胜地，绍兴更是著名的水乡、桥乡、酒乡、书法之乡。绍兴还有一样特殊的“物产”，就是名人。陆游、蔡元培、秋瑾、鲁迅、竺可桢、马寅初、范文澜等名人的故乡都在这儿，难怪毛泽东主席要称绍兴为“鉴湖越台名士乡”了。

纵观古今，风流名士辈出的绍兴，仿佛群星闪耀，个个都在中国历史上留下了浓墨重彩的一笔。陆游算是古代文学方面的翘楚，而秋瑾则是人人敬佩的女中豪杰。竺可桢也好，马寅初也好，都在自己的领域有相当大的成就，而他们是“绍兴人”这件事，也在人们的脑海里留下了或深或浅的印象。

不过，想来留给人们印象最深的还是中学课本里鲁迅先生笔下的绍兴吧。鲁迅先生无疑是绍兴的一个标志，一代文学巨匠鲁迅的许多作品中都反映了绍兴文化浓郁的地方性色彩，从百草园到三味书屋，从孔乙己的茴香豆到故乡的社戏，随处可见鲁迅的故乡情结。游览绍兴，也许就是一次鲁迅文化的怀旧之旅，站在河边，你可以看到戴着小毡帽的船夫以及戴着银项圈的顽童；迈进咸亨酒店，你可以尝尝正宗的茴香豆；回到乡间，去看一场传统的社戏……

在绍兴，摇一摇乌篷船的船桅，品一品鲁迅先生的文字，这种悠然自得，也许要身临其境才能真正地感受到吧。

大理：彩云之南，生意盎然

熟读通俗文学的人，对“大理”这个地方一定不会陌生。位于美丽的彩云之南，这个地理位置本身就让它带上了令人向往的色彩。

无论是大理段氏的神奇传说，还是言情小说里贵族青年男女最后放弃仇恨归隐的生活，都美得不像人世。事实上，风光秀丽多姿的大理，的确美得不像俗世。甚至用“仙境”这样的词汇都无法形容她的美，这样的美，亲眼见到过才敢相信，它真的存在。

大理地区是云南最早的文化发祥地之一。考古发掘得知，在以洱海为中心的高原湖泊群周围，广泛地分布着新石器时代的遗址。白族、彝族等少数民族的先民在这块美丽、富饶的土地上从事生产，创造了大理地区的远古文明。

环境优美、生意盎然的大理古城，居然是明代修建并完整保留至今的。难怪它看来天然地古朴着，又带着与生俱来的雅致。而唐宋元明清这么多历史时代，在大理留下了许许多多文物古迹。崇圣寺三塔、南诏德化碑、元世祖平云南碑、苍山神祠、佛图寺塔、喜洲白族民居建筑群……记载了大理的历史，表现的更是古老的文明，大理古城于是变成了当地历史

▲美丽的大理

文化的主要载体。大理地方文化更加灿烂如花，作为数百年云南政治、经济、文化中心，一座滇西大城，文人名流荟萃也是一件自然的事情。在当地占主体地位的白族人民，文化素养历来也是较高的，历代以来，人才辈出。因此，大理的史籍文献相当丰富，明清以来素有“文献名邦”之称。

大理的全称，是大理白族自治州。从名字就能知道，这是一个以白族为主的多民族地区，除了白族之外，境内还居住有彝、回、傈僳、苗、汉等民族。各个民族都有自己独特的风俗民情，而白族人民从服饰、住居、婚嫁、信仰、习俗以及庆典节日，都充满着独特的民族情趣。这些浓郁的民族风情，增添了古城的历史文化气氛，更增添了大理历史文化名城的迷人色彩。

热烈而盛大的白族婚礼，意味无穷的取乳名和抢名习俗，以物换物的古朴交易，简朴的白族葬礼……组成了特有的民族风俗“大观园”，大理的文化，杂糅了中原文化、藏传文化、东南亚文化及当地民族文化，是我国西南少数民族地区灿烂的古代文化，更是中华文化链中一个重要组成部分。

南昌：物华天宝、人杰地灵

南昌，又名豫章、洪城，为江西省省会，全省政治、经济、文化、科技、交通中心，鄱阳湖生态经济区核心城市，中国长江中下游地区特大中心城市，中国重要的综合交通枢纽和现代制造业基地，是繁华的现代化大都市和世界十大动感都会之一。南昌既是中国历史文化名城，又是革命英雄城市，具有深厚的城市文化底蕴和众多的历史古迹，并成功举办了2011年中华人民共和国第七届城运会。

濒临鄱阳湖的南昌是中国水都，自古以来就被称赞为“物华天宝、人杰地灵”。在中国文化史和革命史上，南昌是一笔不可缺少的记录。这是个幸运的城市，但却并不高高在上地使人难以亲近，而是以意外的亲民姿

▲鄱阳湖风光

态让大众认识熟悉。

南昌有着深厚的文化底蕴，不仅是“军旗升起的地方”，还是生态环境优美的“江南水乡”。或许这不是一座多么完美的城市，或许这不是一座多么井井有条的城市，可正是这种别样的风韵，让这座拥有多年深厚历史的古城——南昌，被赋予了一张温暖包容的笑脸。

在南昌，一个不得不提、不得不去的地方，便是滕王阁了。

南昌滕王阁，位于江西省南昌市西北部沿江路赣江东岸，它与湖北黄鹤楼、湖南岳阳楼为并称为“江南三大名楼”，因初唐才子王勃作《滕王阁序》让其在三楼中最早天下扬名。

滕王阁的美，是从外而内的那种连绵的美，每一处景观都不独立地存在，而是阁内、阁外融为一体。

主阁的色彩，绚烂而华丽。其梁枋彩画采用宋式彩画中的“碾玉装”为主调，辅以“五彩遍装”及“解绿结华装”。室内外斗棋用“解绿结华装”，突出大红基调，拱眼壁也按此色调绘制，底色用奶黄色。室内外所有梁枋各明间用“碾玉装”，各次间用“五彩遍装”，天花板每层图案各异，支条深绿色，大红井口线，十字口栀子花。椽子、望板均为大红色，柱子油朱红色，门窗为红木家具色。室外平坐栏杆油古铜色。

歌颂滕王阁美景的古诗文数不胜数，滕王阁成了古代文人的一个必到之地，成了现代人到南昌旅游的一个必到之地，这阁楼将古代与现代谱成一曲恋曲，将会悠悠扬扬地千古流传下去。

呼和浩特：天似穹庐，笼盖四野

熟悉中国传统文化的人，想必都听过这首耳熟能详的古诗：“敕勒川，阴山下，天似穹庐，笼盖四野。天苍苍，野茫茫，风吹草低见牛羊。”《敕勒歌》中的敕勒川，其实就是如今被称为塞外明珠的呼和浩特。

蒙古语的“呼和浩特”是“青色城市”的意思。这个名称最早出现在蒙古文《俺答汗传》中。看到这充满异域风情的四个字，眼前仿佛就浮现出草原的景象：整片整片的绿色，褐色白色的牛羊群和色彩斑斓的蒙古包，每一样颜色都鲜明而纯正，阳光灿烂得就像爽朗的蒙古人民的性格。

芳草萋萋、牛羊遍地的呼和浩特，许多景点都能给人留下深刻的印象。素有“塞外西湖”之称的哈素海就是这样。哈素海，是蒙古语里“哈拉乌素海”的简称，是“黑水湖”的意思。哈素海有“塞外西湖”之称，盛产各种鱼类及河虾蟹，烟波浩渺的湖面上芦苇丛生，虽地处塞北，一眼望去却令人恍惚间以为身处江南。难怪它要被赞为“天成美玉，人琢成器”了。

▲“塞外西湖”之称的哈素海

呼和浩特自古就是游牧文明和农耕文明融合与冲击的交界处。先后有匈奴、敕勒、鲜卑、契丹、蒙古、满、回等民族跟汉族一起在这里生活，不同的风俗却共同在这里创造了灿烂而别具特色的民俗文化。

也许很多人都知道，国际公认的优质奶牛带位于北纬40°~47°之间，这一纬度气候干爽，阳光充沛，对奶牛的生长十分有利。奶牛健康而高产，奶质自然优良，而呼和浩特就正好处在优质奶牛带上。因此呼和浩特的奶制品，可以说是“一级棒”的。当然除了马奶酒、奶茶、奶皮子、奶豆腐、奶酪这些奶制品外，油香、馓子、牛肉干、烤全羊、涮羊肉、手把羊肉、烤羊腿、炸羊尾、血肠、肉肠、羊杂碎等地道的内蒙食品也让人大呼过瘾。呼和浩特市是当年走西口的目的地，所以饮食风俗吸收了山西和陕西的一些特色，刀削面、饸饹面、剔鱼子、煮鱼等等小吃丝毫不逊于“原产地”，也足以一飨游人，让人大饱口福。

镇江：江南古城，黄金水岸

镇江，古称京口，历史悠久的江南古城，自古为黄金水岸，兵家必争之地，虽地处江南富庶之域，却多了一些豪放，少了一些柔情。就连镇江人说话也少了点吴侬软语的轻柔，多了些北方的京腔口音。

江山之浩荡，山河之壮丽，自南朝以来镇江就有“天下第一江山”的美誉。千百年来，历代名流大家纷至沓来镇江，放歌题咏，挥毫泼墨。这里，也留下了众多的传奇故事为民间所津津乐道。

江南是水乡，因而山成为珍品。镇江三山，就像三兄弟，金山之绮丽，焦山之雄秀，北固山之险峻，风姿各异，人称“京口三山甲东南”。三山沿江逶迤展开，东西相望，首尾呼应，犹如一条出水蛟龙，腾跃于长江之上。

镇江扼南北要冲，山之奇峻，水之灵秀融为一体，是块人杰地灵的宝地。这片有神奇传说的土壤，文人秀士层出不穷。这里有3000多年文字记载的悠久历史，是吴文化的重要发祥地，不仅是“甘露寺刘备招亲”“白娘子水漫金山”等传说的发源地，也是《文心雕龙》《昭明文选》《梦溪笔谈》等巨著的诞生地。

东晋时，中原鸿儒和文韬武略之士纷纷南下，迁往京口，给这里带来了博大浩瀚的中原文化：南朝宋开国皇帝刘裕，撰有《世说新语》的刘义庆，著有《晋书》的臧荣绪，选编《玉台新咏》的徐陵，中国第一部诗文总集《昭明文选》的编纂者萧统，写下名流千古之作《文心雕龙》的刘勰。北宋时，移居镇江的有《梦溪笔谈》的作者沈括，制造世界上最早天文钟“水运仪象台”的科学家苏颂，书画家米芾，抗金名将宗泽等等。

“何处望神州，满眼风光北固楼”“洛阳亲友如相问，一片冰心在玉壶”“我劝天公重抖擞，不拘一格降人才”，历代文人墨客在镇江留下的名篇佳句，千百年来一直为人们所传诵。

宁波：东方大港，风光秀丽

“宁波”，这两个字看上去就带有一种让人平心静气的魔力。但宁波并不是一个风平浪静的城市，它有着悠久的历史和灿烂的人文，今天的发展也相当不错。不知是不是因为上天的厚爱，宁波无论在哪个方面都有着自己的长处，全面发展，而又绝不平庸。

宁波位于长江入海口，滨江傍海，这是得天独厚的地理条件。所以宁波一直是“以港兴市”的。不仅是唐宋时期，在鸦片战争后，“五口通商”，宁波就是口岸之一。如今的宁波是一座经济相当发达的城市，宁波港也成为上海国际航运枢纽港的重要组成部分，是中国货物吞吐量第一大港口，集装箱吞吐量则列全国第四大港口。它与世界上百余个国家和地区的600多个港口开通了航线。2000年，北仑港已经成为著名的深水良港，有“东方大港”之称。由于港口这样一个优势条件，在近代史上，宁波新兴工商业发展较早，“宁波帮”更是名扬天下。

不仅经济发达，宁波更是人文荟萃。在历史上，这里出现过很多哲学和文化流派。四明学派、阳明学派、浙东学派都闻名于天下，在唯心主义和启蒙主义方面都提出过很多富有创建性的见解，并具有相当大的影响力。而这些学派涌现了以虞世南、高则诚、王阳明、朱舜水、黄宗羲、万斯同、全祖望、张煌言等为代表的一大批文化名人。相应地，宁波的藏书文化也非常深厚，涌现过一大批藏书数万卷的藏书名楼。

宁波的佛教文化是出了名的。“二十里松行欲尽，青山捧出梵王宫”——这是位居天下禅宗五刹之一的天童寺的写照。阿育王寺珍藏着释迦牟尼的真身舍利，雪窦山为全国佛教五大名山之一，而最具建筑特色的保国寺更是长江以南最古老的木结构建筑。

保国寺位于灵山山腹中，至今已有近千年的历史，但它举世闻名的原因却不是因为宗教，而是精湛绝伦的建筑工艺令人惊奇。现存的大雄宝殿重建于北宋年间，是长江以南最古老、保存最完善的北宋木结构建筑。整座大殿的全部结构皆用斗棋之间的巧妙衔接和精确的榫卯技术，不用一枚铁钉将建筑物的各个构件牢固地结合在一起，承托起整个殿堂屋顶50余吨的重量。在大殿前槽天花板上，还巧妙地安排了三个与整体结构有机衔接的镂空藻井，用天花板和藻井遮住了大殿的梁架，下面不容易看到，故被称为“无梁殿”，除建筑风格独特外，还有虫不蛀、鸟不入、蜘蛛不结网、灰尘不上梁之奇，难怪它在中国建筑史上具有相当之高的历史、艺术和科学价值呢。

而自然风光秀丽的宁波，除了中国八大咸水湿地之一的杭州湾湿地之外，东钱湖、月湖、松兰山、浙东大峡谷都是让人眼前一亮的美丽景区。

吐鲁番：古老神秘，富庶丰饶

在美丽的新疆东部，有一个地方可谓闻名遐迩。它就在横贯欧亚大陆桥古老神秘的丝绸之路上，在西汉以后的1000多年之间，有难以计数的伟大的古文明在这片丰饶的土地上经过，留下的遗迹和稀世珍品可谓是无价的宝藏。这个地方，就是吐鲁番，突厥语意为“富庶丰饶的地方”。

吐鲁番，又称“火州”，自古以来，它就是中国内地连接中国新疆、中亚地区及南北疆的交通枢纽。身为古丝绸之路上的重镇，吐鲁番虽然带有凝重的历史感，但活泼的民族风情又让它带着轻快的笑意在丝路上独舞。

吐鲁番最为人熟知的，可能因为它是盛产瓜果的“水果篮子”，或者是它因为矿产丰富而得到的“聚宝盆”名号。至于风景秀丽亦不必多说。但事实上，除了这些之外，吐鲁番其实是一个文化积淀相当深厚的古城。

历史悠久的吐鲁番城有4000年的文字记载。从最早的交河故城，到后来的高昌故城、坎儿井、苏公塔、维吾尔古村落……已发现的文化遗址就有几百处，从史前到近代的出土文物更是多达4万多件。在出土文献中，仅文字就达24种之多，这大量的文物和史实都能充分地说明：吐鲁番是东西方文化的交汇点。著名学者季羡林先生在他的文章中曾说，世界上历史悠久、地域广阔、自成体系、影响深远的文化体系只有4个：中国、印度、希腊、伊斯兰。而这4个文化体系汇流的地方，只有敦煌和新疆。四大文化体系交汇于此，形成了吐鲁番多民族、多文化、多宗教共存的地区特色。而吐鲁番的本地文化也极具多样性，废墟文化、印刷文化、石窟文化、宗教文化、墓葬文化……各种文化渗透在历史、艺术、宗教、建筑等等各方面，使得这里更具风情。

吐鲁番文化遗产的代表，著名的高昌古城在火焰山乡所在地附近。不仅护城河道的残迹还存在，连古老的城垣都基本完好。外城的每面大体有两座城门，其中西面以北的城门保存最好，甚至有曲折的瓮城。内城也大部分保存完好，这一带尚存多座3米多高的土台，当时为回鹘高昌宫廷之所在。在外城内西南，有座占地万余平方米的大型寺院。大殿内尚残存壁画痕迹。唐代的高僧玄奘——也就是我们所熟知的唐僧原型——西游取经，在贞观二年曾到高昌国讲经一月余，据称就在这座寺内。

高昌城始建于公元前，初称“高昌壁”，是丝绸之路上的重镇。后历经高昌郡、高昌王国、西州、回鹘高昌、火洲等长达千余年的变迁，在公元14世纪时，毁弃于战火。1961年，这里被列为全国重点文物保护单位。寺院的附近，残存着手工作坊和集市的遗址，寺院的大殿上多有精美绝伦的壁画，这也是文化繁荣的时代留下来的遗迹吧。看着那些栩栩如生的壁画，居然能产生时光倒转的错觉，眼前出现的是画师们勤奋作画的身影，耳边仿佛传来法师朗朗的讲经声。时间的阻隔瞬间消失，艺术的奇妙魅力

▲吐鲁番高昌城

被封印在这里，时时刻刻期待被人开启。交河古城也曾是西域三十六国的都城，唐朝在西域的最高军政机构“安西都护府”一度曾设在交河。这座城，不仅布防严密，易守难攻，唐代的莲花瓦当、莲花经卷等许多文物也都出土于此。当年的繁荣可见一斑。

在吐鲁番市的东北，就是闻名天下的火焰山。不仅因为它的地貌独特：赭红色的山体在夏天的烈日照射下被炙热的气流包围，看上去就像是一团燃烧着的熊熊烈火，还因为四大名著之一《西游记》里有孙悟空向小气的铁扇公主三借芭蕉扇扑灭这里的烈火开辟了取经道路的故事。不过，若不是因为它独特的自然面貌使它带上了奇妙神秘的色彩，吴承恩又怎会将它写进自己呕心沥血的杰作，最终让它变成天下名山呢？据说，游人到火焰山，还能看到唐僧路过时使用过的拴马桩和上马用的踏脚石呢！

火焰山，山如其名，表面寸草不生。但由于地壳运动断裂与河水切割，山腹中却留下了许多潺潺的溪流，更有绿荫蔽日的沟谷，是火州中的“花果坞”。提到吐鲁番，不能不想到葡萄，而提到葡萄，不能不提的葡萄沟就在这里。

吐鲁番盆地内干燥少雨，日照充足，全年日照时数超过3000小时，年积温 5300℃以上，无霜期达 270 天。像这样优越的自然条件和独特的气候，可谓是得天独厚，仅此一家。因为盛产葡萄、哈密瓜、反季节蔬菜等经济作物，这里被誉为“葡萄和瓜果之乡”。而作为个中翘楚的葡萄沟更是风景秀丽外加物产丰饶。沟里漫山遍野的绿色，会让你怀疑自己是不是身在炎热的盆地之中。流水和植物给葡萄沟添上了一抹诗情画意的色彩，而这儿盛产的桃、杏、苹果、石榴、梨、无花果、核桃、西瓜和甜瓜，还有榆、杨、柳、槐等多种树木，使它又成了“百花园”和“百果园”。百花盛开的春和硕果累累的夏仿佛就是葡萄沟里唯一的季节变换，每到夏日，这里更是凉风习习，配上幽雅静谧的美景，不愧为火洲避暑之胜地。当然，葡萄沟是以盛产优质葡萄而闻名中外的。这里除了主要种植的无核白葡萄之外，还有马奶子、红葡萄、喀什哈尔、日加干、琐琐等 13 个品种。而最有特色的，当属这里出产的无核白葡萄，它皮薄、肉嫩、多汁、味美，营养丰富，含糖量更是居世界之冠，被美称为“珍珠”。

吐鲁番虽名为“火州”，可是在这里依然存在着宛若荒漠清泉的水源。最有名的当然是坎儿井和艾丁湖了。

坎儿井是吐鲁番的母亲河，是吐鲁番的生命之源。维吾尔语中的坎儿井有“地下水道”之意。坎儿井是一种结构独特的地下水利灌溉系统，总长超过 5000 千米。它由竖井、暗渠、明渠、涝坝四部分构成，暗渠的出水口和地面的明渠连接，可以把几十米深处的地下水引到地面上来。之所以不需动力而将地下水引出地表，是因为吐鲁番具有相当特别的地势条件。盆地北部的博格达山和西部的克拉乌成山，为坎儿井提供了大量的水源；而盆地与北部雪山之间有巨大落差，可以沿地势引水，使得北部的水源可以按地势向盆地汇聚，确定了水的流向，挖掘疏导后就能通向盆地；最后是土质：吐鲁番大漠底下深处的土层，是砂砾石、黏土或钙质胶结的质地坚实的土壤，因此坎儿井挖好后不易坍塌。

由于坎儿井是由地下暗渠输水，因此，尽管吐鲁番常年干旱又高温，对坎儿井的影响依然很小，水分蒸发量小，流量也就稳定了，常年自流灌溉当然也不是问题了。当时的科技并不十分发达，当地人民却能够根据本地的气候以及水文特点创造出如此适合吐鲁番自然条件的地下水道工程，不可谓不聪明不伟大。所谓“实践出真知”嘛！

四通八达的坎儿井，如同人体的血脉一般滋润着吐鲁番大地，尽管它被称为“火州”和“风库”，但依然能够滋养出一片片绿洲良田，瓜果粮食都因为坎儿井而茁壮生长，驰名全国。全吐鲁番地区共有坎儿井上千道，如此浩大的工程，难怪可以与万里长城和京杭大运河一起并列为三大中国古代工程。现代的吐鲁番已经修建了新的大渠与水库，但是坎儿井在现代化建设中依然能够发挥它生命之泉的特殊作用。好好保护坎儿井，不仅是“饮水不忘挖井人”的责任，更是我们后辈对先代智慧的一份敬意。

艾丁湖可以称得上是吐鲁番这个盆地的“盆底儿”，它的海平面仅次于约旦的死海，被称为世界第二的陆上低地。当地维吾尔人称艾丁湖为“月光湖”。今日的艾丁湖，远非它以前的浩瀚模样。除了西南部还残存着很浅的湖水之外，大部分的湖底布满了皱褶，而眼前所能看到的只有在阳光下闪亮如银的盐结晶，这里蕴藏的盐分据说甚至足够全中国人食用一年，而盐层底下更储藏着丰富的煤和石油资源。没有飞鸟，也没有鱼群，湖区气候极端干旱，湖区景观极度荒凉，再加上地表发育独特的盐壳，构成了一幅未经开垦而壮观的原始画面。不过，可要当心哟，在这样典型荒漠景观的艾丁湖边，还会出现海市蜃楼，跟湖面干涸的假象一起，让粗心的人们可能陷入泥淖。

吐鲁番悠久的历史无法说尽，而它美丽的人文景观里，又带有文化的深刻印记，到阿斯塔那古墓群、吐峪沟或是柏孜克里克千佛洞走一走，再去参观一下吐鲁番的郡王府和博物馆，一定会感受到更多吐鲁番的魅力，从而对它更加迷恋。

包头：南临黄河，沃野千里

包头，源于蒙古语“包克图”，蒙古语意为“有鹿的地方”，所以又叫鹿城。地处内蒙古高原的南端，阴山山脉横贯该市中部，形成北部高原、中部山地、南部平原三个地形区域。居住着蒙古族、汉族、回族、满族、达斡尔族、鄂伦春族等31个民族。包头是国务院首批确定的十三个较大城市之一，是内蒙古自治区最大的工业城市，是国家重要的基础工业基地。包头市曾先后获得过联合国人居奖、中华环境奖等殊荣，是全国第一、第二及第三批文明城市、国家森林城市、国家园林城市、国家卫生城市。市树为云杉树，市花为小丽花。

包头境内有阴山山脉的大青山、乌拉山（以昆都仑河为界），山峰平均海拔2000米，最高峰海拔2324米。全市由中部山岳地带、山北高原草地和山南平原三部分组成，呈中间高，南北低，西高东低的地势。黄河流经包头市境内214千米，公路、铁路两桥并行飞架黄河南北。

▲包头美岱召

美岱召始建于明代中期，是1571年（明朝隆庆五年）被明朝封为顺义王的成吉思汗第十七世孙阿勒坦汗，统领蒙古十二土默特所居住的古城寺庙。1606年称灵觉寺，清乾隆曾赐名寿灵寺。美岱召的得名是因为麦达力活佛在此坐床的缘故。1583年（万历十一年），西藏僧界特派麦达力活佛来蒙古掌教，因麦达力活佛曾在灵觉寺坐床并为弥勒佛像主持开光仪式，人们便俗称灵觉寺为麦达力召即美岱召。美岱召是喇嘛教传入蒙古时的一个重要弘法中心，它在研究明代蒙古史、佛教史、建筑史、美术史上都有重要的价值。

阴山古刹五当召是中国著名的藏传佛教圣殿，历史上是一所研究藏传佛教弘法化众的高等学府，其政治地位之高，宗教影响之广，建筑规模之大，在内蒙古地区是独一无二的。由南北望五当召，平顶白楼，依山而建，重重殿堂，层层楼阁，随坡势而增高，布局协调，浑然一体，整个殿宇掩映在苍松翠柏间，与蓝天白云相辉映，显得富丽堂皇，光彩夺目，格外壮观，可与青藏地区的古刹名寺相媲美，素有“小布达拉宫”之美誉。五当召被列入国家4A级景区，也是包头市第一家获此殊荣的景区。五当召曾多次接待国家领导人和国际友人，多次承担政府较高规格的接待任务，已成为包头市及自治区的一个重要旅游接待窗口。

美丽的希拉穆仁草原像一块绿色的宝石，镶嵌在达茂旗的东南部，是蜚声中外的旅游避暑胜地。因有一座历史悠久的清代喇嘛寺庙——普会寺屹立于希拉穆仁河畔，故又名召河，是国家3A级景区。

九峰山位于土默特右旗萨拉齐镇往东北行约10千米处，海拔2338米。其因九座巍峨挺拔依次增高的山峰相连而得名，是大青山最奇秀的旅游胜地。其总面积460多平方千米，由东九峰、西九峰、大西梁、杆林背、羊背山等大小山峰和美岱沟、水涧沟、香桂铺沟等沟堑组成。九峰山为东西走向。南缘以巨大的断层与土默川截然分开，北缘以起伏的丘陵与内蒙古高原相接。中间被东西走向的香桂铺沟分为地形迥然不同的南北两部分：南部山势蜿蜒起伏、绝壁峥嵘、峰峦陡峻，沟壑弯曲深邃，大沟里流水湍急奔涌，小壑中碧泉清澈见底。在九峰山地区有大大小小的瀑布15处，其中永久性瀑布3处。九峰山区的动植物资源十分丰富，天然植被保存完整。九峰山是西北高原地区少有的自然风景区，是塞外一处别具特点的自然生态区和风景游览区，其动物和植物的多样性以及山水风光，居包头市之首，在内蒙古和西北地区也独树一帜。到九峰山游览，登九峰绝顶，领略塞外山川的妖娆风姿，极富情趣。

第四章　环境绿色友好城市

青岛：海滨城市，山岩耸秀

中国的城市虽然多，但是在城市的名字里用到颜色的却很少。“青岛”以岛上“山岩耸秀，林木蓊郁”而得名，光看着，就透出一股蓬勃的感觉。“青岛”这个绿意盎然的名字，从已经发现的典籍文献来看，已有400余年的历史了。

明代万历七年，即墨县令许铤主编县志，在辖区四处考察。一座坐落于青岛湾畔的小岛“青岛”，在那时就被许铤注意到了。青岛附近的一些岛屿，原本在宋代以前就已经有了名称。后来从云南来的移民就用了这座小岛的名字来给自己的村落命名。东面的一座山岭，被命名为“青岛山”。渐渐地，青岛湾一带发展成为了整个青岛地区最大的渔货码头，被称之为“青岛口”。附近这么多的地方都被用“青岛”来命名，原先的“青岛”就被称为“小青岛”了。随着时间的推移，到了清朝，“青岛”已经成为

▲青岛啤酒节

了整个地区的总称。

位于黄海之滨的青岛，是个幸运的城市，那里碧海蓝天、红瓦绿树，拥有得天独厚的自然环境和现代化的国际城市风貌。此外，这个城市还盛产名牌，海尔家电、青岛啤酒都享誉海内外。凭借着这些城市名片，青岛

在成为著名旅游城市的同时，还逐步把自己推向了世界经济的大舞台。海尔是当今世界最具影响力的中国品牌之一；青岛啤酒也是国内少数几家打入国外市场的啤酒产品之一，很多外国游客是先知道青岛啤酒，然后才有机会到青岛旅游的。

家电和啤酒，让青岛进入了世界的视野。青岛很会以名牌为媒介来推销自己，被海内外游客誉为“东方啤酒盛会”的青岛国际啤酒节，现在成了一种文化盛会，架起了青岛与世界沟通合作的桥梁。每届啤酒节期间，青岛接待的中外游客达四五百万人次，消耗掉啤酒上千吨。节庆期间，整个青岛都沸腾了，城市的每个角落都是欢声笑语，空气中洋溢着啤酒的香醇味道。这个节日成了青岛市民的狂欢节，到了最后，啤酒节不只是一个城市的盛会了，外地游客都趁啤酒节期间到青岛，体验全城狂欢的热烈氛围。作为西方舶来品的啤酒，融入中国这座美丽的海滨城市之后，成就了一个文化消闲意义上的盛会，让游客每年都很期待。

青岛是一座具有特殊建筑特色的城市。虽然主要仍是中式建筑风格，但由于列强殖民的痕迹，处处都能看到欧洲建筑的印记。其中，德式风格更是占据大半江山。在老城区，随处可以看到红瓦的建筑物，蓝天白云之下，绿树碧水相映成趣。远眺能看到海天相交，近观又是不同式样的楼房，新鲜感与沧桑感交替，让人思绪万千。尽管经历了百年岁月，这些老房子却基本保存完好。作为历史的见证也罢，作为建筑艺术的参考也罢，这些房子已经融入了青岛，成为城市的一部分，吸引着人们的目光。

除了德国“新文艺复兴建筑”“新罗马风”“青年风格派”等著名的风格之外，青岛还有许多其他风格的房子。有人统计过，青岛市共有26个国家的建筑风格，被誉为“中国建筑博物馆”自然是实至名归了。

迷人的建筑风格和青岛冬无严寒，夏无酷暑的自然条件，使得青岛成为负有盛名的游览胜地和避暑疗养胜地。

青岛拥有优越的海湾条件，是专家公认的理想的帆船和帆板竞赛地。青岛也是新中国航海运动的发源地和航海运动者的摇篮。经过半个多世纪的建设，青岛已经成为中国重要的水上运动训练、教学、比赛基地，为国家输送了大批帆船帆板人才。这些优势让青岛成了举办奥运会项目比赛的幸运城市。在成为奥运会帆船帆板竞赛地的城市之后，青岛街头早早打出了“相约奥运，扬帆青岛”的口号，奥运会比赛项目成为这个城市的另一种标志性的风景。

青岛坐落在崂山山脉旁，而崂山在中国，是一座著名的道教名山，更特别的是，它是唯一一座海上名山。崂山从海边拔地而起，山海相连，山石峻峭，水秀云奇，正所谓“泰山虽云高，不如东海崂”。

作为道家文化里重要的“神仙洞府”，崂山不仅风景令人心驰神往，还是信奉道教文化的人们心中的圣地，连秦皇汉武都曾经到这儿来求仙，可见它的地位之高了。除了道教之外，崂山还曾是东晋名僧法显登岸的地方。当年法显去尼泊尔、印度和斯里兰卡求取佛经，归来时却在途中遭遇飓风，最终漂泊到崂山南岸登陆，被当时的太守接到不其县城。法显客居期间，翻译了许多佛经，也促进了佛教在青岛地区的传播。

崂山的道教如此有名，当然少不了著名的道观。太清宫始建于西汉武帝年间，前临太清湾，背靠七峰，是崂山道教的祖庭，也是崂山最大的道观，号称“全真道天下第二道场”。

道教中的“三清”分别为“玉清、上清、太清”，而“太清”是太上清净之界，三清之最，也就是道教中神仙的天堂。这太清宫的全部建筑由“三宫殿”“三皇殿”“三清殿”组成，风格简朴，但却极富情味。道教返璞归真的内涵与崂山的优美自然生态互为诠释，相辅相成，毫无破绽。在太清宫上，由于它特殊的地理位置，能看到别具情趣的海上月出。夜幕笼罩大地，一切归于宁静之时，月亮从海面缓缓升起，月色溶溶，海面浮光潋滟。伴着海浪的温柔涛声，这就是崂山十二景中的“太清水月”了。在这样清幽的环境中，倘若不能悟出哲理来，倒觉得奇怪了呢。

作为美丽的海滨城市，青岛的空气清新洁净，海湾环绕着或古典或现代的建筑，红色的屋顶和绿色草坪点缀其间，显现出自然风情和现代文明的完美融合，看着让人心醉。近年来，一些新婚夫妇也特意选择到青岛著名的八大关风景区拍摄婚纱照，沙滩和海浪的渲染，让他们觉得那是最能体现美丽和浪漫的地方。花石楼是八大关最著名的一栋别墅，建筑融合了希腊式、罗马式、哥特式等多种典型的欧洲建筑风格，全部用花岗岩和鹅卵石建成，主楼分五层，顶层是观海台。这座美丽的城堡式建筑曾是蒋介石与宋美龄在青岛度假所居之所，还被当作电影内外景拍摄地，吸引了很多的游客。现在它成了著名的婚纱拍摄基地，外地来旅行的新婚夫妇，专门选择在这里定格他们的一个个甜蜜瞬间。巧合的时候，游客的镜头里经常会出现新人幸福的笑脸。

海口：碧海连天，琼崖尽春

“碧海连天远，琼崖尽是春”，无论是水天相接天涯海角的壮丽景观，还是那南国特有的人文风情，南国的风光总是有一番特别的风味让人着迷。老一辈的人们谁没听过邓丽君的一曲《南海姑娘》而对这片土地心生向往。然而不管你带着多少好奇与憧憬，一定可以在海口市找到属于你的那一份惊喜。

在过去的岁月里，不知有多少人在海口这个城市的历史上刻下了浓重的一笔，有始建于洪武年间的古代军事遗址——明代海南卫所在地城门楼的府城鼓楼；有为纪念明代琼籍名贤王佐而建于1567年的西天庙；有为纪念为维护祖国统一、促进民族团结的历史名人冼英而始建于1583年的冼太夫人庙；更有为纪念明代琼籍清官海瑞而始建于1589年的海瑞墓园。

海口市北面临海，无污染的生态环境，使海鲜成为海南的一大特色菜，海南的美食也是花样繁多，地方风味独具一格。而海口被称作“椰城”也不是浪得虚名，土特产品有咖啡、椰子糖、椰茸、天然椰子汁、椰子酱、香蕉、菠萝及菠萝蜜等热带水果。

不过，真正的特产并不是在现代化商场，而是要到传统的民间集贸市场，当地的风土人情会让人心情大好。无论是海南特产的南珠、水晶、玳瑁，还是咖啡、胡椒、椰糖、牛角雕、椰雕，甚至黎族风情的纺织品及工艺品，都精美而令人惊喜。

当然，作为热带城市，海南的芒果、菠萝、菠萝蜜、椰子、杨桃等热带水果，可是您在其他地方尝不到的美味。如果您有勇气的话，不妨尝一尝热带水果之王——榴莲。它的气味虽然非常刺激嗅觉，但是味道却可能令人上瘾。海南粉是海南最具特色的风味小吃，流传历史久远，在海南岛北部的琼山市、定安县和澄迈县的市镇居民中食用比较普遍，而且是节日喜庆必备的象征吉祥长寿的珍品。海南粉有两种：一种是粗粉，一种是细粉。粗粉的配料比较简单，只在粗粉中加进滚热的酸菜牛肉汤，拌少许虾酱，嫩椒、葱花、爆花生米等即成，叫做“粗粉汤”；而细粉则比较讲究，要用多种配料、味料和芡汁加以搅拌腌着吃，叫做“腌粉”。海南粉通常指的就是这类“腌粉”。多味浓香、柔润爽滑、刺激食欲，故多吃而不腻，爱吃辣的加一点辣椒酱则更起味，吃到末尾剩下少量粉时，加进一小碗热腾腾的海蚌汤掺和着吃，更是满口喷香，回味无穷。

在国土南端的这个城市有许多其他地方无法企及的物产。海南特产的海水珍珠，在历史中幸存下来而极有海南特色的棉纺织品黎锦，椰雕、珊瑚盆景自然更数海南最佳，那些贝壳产品更是色彩斑斓、形状奇特，让人爱不释手。

云浮：绿树花香，山水相映

云浮，又被称为石城，位于中国华南西江南岸、是连接广东珠三角和大西南的枢纽，系著名旅游风景名城，全国有名的“石材王国”，素有“硫都”和“石都”之称，还有“砂糖橘之乡”的称誉。“城中有山，山中有水，绿树花香，山水相映”是云浮的特色。

云浮市地势西南高，东北低，市内主要河流：南江（自古以来是广东四大江之一，因流经辖区罗定市区域比较多，近来地图上却写成“罗定江”，但当地人一直称“南江”，在郁南县南江口镇与西江汇合）、新兴江，均大致呈西南至东北流向。西部、西南部、东南部与邻区、邻市俱以山岭为界，唯北部以西江为界。丘陵是云浮市的主要地貌，多沿山地边缘发育，高丘陵海拔 250 ~450 米之间，低丘陵海拔 100 ~250 米之间。低丘陵坡度平缓，多为 15 度 ~20 度。

云浮地处亚热带，横跨北回归线，年平均温度 22℃，极端最低温度 0℃，最高温度 39℃，气候宜人，是全国年平均温差最小的大城市之一。云浮属南亚热带季风气候，由于背山面海，具有温暖多雨、光热充足、夏季长、霜期短等特征。全年水热同期，雨量充沛，利于植物生长，为四季常绿、花团锦簇的“花城”云浮提供了极好的条件。年均降雨量为 1982 毫米，平均相对湿度为 68%。全年中，4 至 6 月为雨季，8 至 9 月天气炎热，多台风，10 至 12 月气温适中，是旅游的最佳季节。

云浮国恩寺位于新兴龙山山麓，建筑物占地面积 1.6 万多平方米，园林用地面积 120 多亩，古寺依山而筑，规模宏大，布局严谨。国恩寺是六祖惠能的诞生和圆寂之所，故称为“岭南第一圣域”，日本高僧更称其为“祖庭之祖庭”。

蟠龙洞位于云浮市区城北的狮子山中，因其洞体迂回曲折，形若蛟龙，故得名。1993 年 5 月，广东省人民政府正式批准蟠龙洞为省级风景名胜区。

罗定龙湾生态旅游区是集雄、奇、秀、雅、险、幽于一体的自然山水迷宫，一年四季景色多变，是人们领略名山大川和自然风光的仙境胜地。

赣州：世界橙乡、稀土王国

赣州简称虔，赣州是江西省第二大城市，常称为赣南地区，赣州东接福建三明和龙岩，南至西南临广东梅州、河源和韶关，西靠湖南郴州，北连江西吉安、抚州，处于东南沿海地区向中部内地延伸的过渡地带，是内地通向东南沿海的重要通道之一。赣州 1994 年经国务院批准为首批国家历史文化名城。赣州素有有江南宋城、客家摇篮、共和国摇篮、红色故都、世界钨都、世界橙乡、稀土王国、千里赣江第一城、生态王国等美誉。被誉为适宜居住的城市。

赣州境内主要有三条江河，一条章江，一条贡江，一条赣江，章、贡两江在赣州老城区的北端汇合成为赣江。赣江作为江西的母亲河，从江西南部的赣州出发，由南向北纵贯江西全省，江西省的简称“赣”字由此而来，作为“千里赣江第一城”的赣州也因这两江汇合而得名。

赣州从汉高祖六年（前 201）设置县治以来，至今已有 2200 年历史，自古以来就是沟通赣、湘、闽、粤的江南重镇，历代为郡、州、路、道、府的治所。宋、元、明、清时期，这里“商贾如云，货物如雨”，是全国 36 大城市和 44 大经济中心之一。

赣州是一座国家历史文化名城。集中了众多宋代和民国时期文化景点，主要有保存完整的赣州宋代古城墙、巍然壮观的八境台、郁然孤峙的郁孤台、完整壮观的文庙、艺术宝库通天岩、蒋经国旧居等。

赣州是全国著名的革命老区，赣州的瑞金市以及周边几个县是第二次国内革命战争时期的中央革命根据地和中华苏维埃共和国临时政府所在地，因此，瑞金市被誉为“共和国的摇篮”。全年都有大批的游客来到瑞金观光旅游，接受革命传统教育。毛泽东、周恩来、朱德、邓小平、叶剑英、陈毅、彭德怀等老一辈无产阶级革命家都曾在赣南从事过伟大革命实践活动。举世闻名的二万五千里长征，就是从瑞金、于都等地出发的。

▲赣州和谐钟塔

赣州和谐钟塔位于章贡区水东镇虎岗村，是一座以观光钟塔为核心，包括城市景观绿地、历史文化陈列区、欧式风情街区和接待中心区，集文化性、开放性于一体的综合主题公园。赣州和谐钟塔高 113 米，外观 9 层，与玉虹塔隔江相望，立面采用现代欧式风格，内设陈列区、展览区、“时间长廊”、观光平台、旋转餐厅等。钟楼将安装目前世界上最大的机械塔钟，表盘直径达 12.8 米，超过世界上著名的英国大本钟，成为世界上最高的机械钟塔。

赣州是全国脐橙最适宜种植地，已经成为脐橙种植面积世界第一，年产量世界第三，全国最大的脐橙主产区，被誉为“世界橙乡”。赣州脐橙被列为全国十一大优势农产品之一，为国家地理标志保护产品，荣获“中华名果”荣誉称号。

丹东：北方江南，东北苏杭

丹东市地处辽宁省东南部，与朝鲜隔江相望，与韩国一衣带水。丹东市位于东北亚的中心地带，是环黄海经济圈、环渤海经济圈重要交汇点，是一个以工业、商贸、物流、旅游为主体的沿江、沿海、沿边城市，国家级边境经济合作区，中国最大最美的边境城市，国家园林城市，中国优秀旅游城市，全国双拥模范城市，也是一个经历抗美援朝战火洗礼的英雄城市。2010 年，《南方人物周刊》盘点中国宜居的十座小城，丹东入榜。

丹东位于亚欧大陆东岸中纬度地带，属暖温带亚湿润季风型气候，年平均雨量多在 800 ~ 1200 毫米之间，是我国北方雨量最多的地区，降水三分之二集中于夏季。年平均气温南部在 8℃ ~ 9℃，北部 6℃ ~ 7℃，受季风影响，季节变化明显，四季分明，是东北地区最温暖最湿润的地方，素有

“北方江南”、“东北苏杭”之称，堪称旅游避暑的胜地。

鸭绿江风景名胜区，位于辽宁省丹东市鸭绿江下游浑江口至江海分界处的大东港之间。陈运和诗《鸭绿江与丹东》忆历史：“甲午风云的残留，抗美援朝的怒吼，仍被记录在黄海波涛，仍被讲述在鸭绿江口”。鸭绿江为中朝两国界河，源出吉林省中朝边境长白山主峰白头山，西南流至丹东市东沟县境入海。全长 795 千米，景区段 210 千米，面积约 400 平方千米，分水丰湖、太平湾、虎山、鸭绿江大桥、东港等 5 个景区。区内碧绿的江水蜿蜒，江中翠岛棋布，沿岸群山叠翠，鹤鸟翱翔，景色殊美。

风景秀丽的锦江山公园，坐落在丹东市北面的锦江山中。公园周围，翠山掩映，层峦叠嶂；整个公园依山势而建，园路蜿蜒，曲径通幽，葱郁秀美，恬静自然；园中，亭台错落，绿树成荫，一年四季，风景如画，是国内外广大游客来丹东必游之地，是东北八景之首。

月亮岛是中朝界河——鸭绿江上一个面积为 13.4 万平方米的美丽小岛，南北长约 1300 米，东西宽为 200 米，距中国一侧辽宁丹东市约 200 米，距朝鲜一侧新义州市约 600 米。月亮岛犹如一叶轻舟，与因抗美援朝而著名的鸭绿江大桥遥相辉映，不仅自然景观优美秀丽，而且具有得天独厚的地理和区位优势。

虎山长城是中国明长城东端起点。位于距丹东市 20 千米处，南临中朝界河鸭绿江，隔江与朝鲜的于赤岛和古城义洲相望。

凤凰山位于丹东市西北 60 千米，距凤城市区东南 3 千米处，是一个融自然美与人文美于一身的山岳型风景名胜旅游区。古为“辽宁第一名山”，清列奉天省四大名山之一，现被称为“国门名山”、“万里长城第一名山”、“中国历险名山”。

福州：三山鼎立，坊坊相连

福州是祖国大陆离台湾省最近的省会中心城市，因为市区城内有屏山、乌山和于山，三山鼎立，所以有别称“三山”。

至于“榕城”的别名，则来自于北宋时期太守张伯玉的传说。据说他亲自在衙门前种植榕树两棵，并号召百姓普遍种植，后来满城绿荫蔽日，暑不张盖，榕城之名由此而来。

“三坊七巷”文化源于福州历史文化街区“三坊七巷”。“三坊七巷”坐落于福州市中心城区，是从南后街两旁从北至南依次排列的坊巷总称。“三坊”就是衣锦坊、文儒坊、光禄坊；而“七巷”则是杨桥巷、郎官巷、塔巷、黄巷、安民巷、宫巷、吉庇巷。“三坊七巷”历史文化街区基本格局形成于唐代后期，清代中期发展到了鼎盛。现存的古建筑有200多座，坊坊相连、巷巷相通，粉墙黛瓦、布局严谨、房屋精致、匠艺奇巧，被誉为“明清古建筑博物馆”，“中国城市里坊制度的活化石”。

以福州菜肴为代表的闽菜历史悠久，品种繁多，选料精细，制作严谨，为我国八大菜系之一，经历了中原汉族文化和当地古越族文化的混合、交流而逐渐形成。在烹饪界独树一帜，在海内外享有盛名。

闽菜的烹调清淡而鲜美，原料以海鲜和山珍为主，饮食习俗受到南洋的影响，是带有开放色彩的一种独特的菜系。闽菜之首的“佛跳墙”，原料珍贵，制作讲究，汤浓味厚。

闽菜注重刀功，且一切刀功均围绕着“味”下工夫，使原料通过刀功的技法，更体现出原料的本味和质地。“雀巢香螺片”就是典型的一菜，它通过刀功处理和恰当的火候使菜肴犹如盛开的牡丹花，让人赏心悦目又脆嫩可口。闽菜重视汤菜，与多烹制海鲜和传统食俗有关。闽厨长期以来把烹饪和确保原料质鲜、味纯、滋补联系起来，有的自如奶汁，甜润爽口；有的汤清如水，色鲜味美；有的金黄澄透，馥郁芳香；有的汤稠色酽，味厚香浓。佛跳墙之外负有盛名的“鸡汤氽海蚌”就是清鲜的代表。

闽菜的烹调细腻表现在选料精细、泡发恰当、调味精确、制汤考究、火候适当等方面。特别注意调味则表现在力求保持原汁原味上。善用糖，甜去腥膻；巧用醋，酸能爽口，味清淡则可保持原味。因而有甜而不腻、淡而不薄的盛名。

闽菜的起源与发展离不开本地的自然资源。烹饪原料是烹饪的物质基础和保证。在烹饪作用的发挥、烹饪效果的产生和烹饪目的的实现诸环节中，烹饪原料都起着关键的作用。富饶的特产，为福建人民提供了得天独厚的烹饪资源，为闽菜名菜名点的形成奠定了物质基础。

宜宾：宜山宜水，宜人宜业

宜宾位于西南，有些偏远，是个低调却内秀的城市。而长江从这里奔流而过，宜宾在长久的历史之中又吸纳了大江的壮阔，长江容纳百川，这也塑造了宜宾人兼收并蓄、开朗的性格。这个城市的内秀和豪迈却并不矛盾，城市的山水和发展恰恰体现了宜宾的性格。

从唐古拉山流出的涓涓细流流经广大地区之后汇成了金沙江，金沙江再流到四川宜宾，与岷江汇合就成了长江，因此宜宾被称作是“万里长江第一城”。

“宜山、宜水、宜人、宜业、更宜宾”的宜宾的名字来自北宋的时候，这里山清水秀、民风淳厚，最宜宾客居住，于是得名“宜宾”。

宜宾最出名的想必是那如浩瀚之海的竹林了，这里本就是一个天然的神仙之境，飞瀑如帘，明湖如镜，夏日一片青翠，冬日一片银白，大片大片的翠竹和扑面而来的清新空气足以使人流连忘返，北宋著名诗人黄庭坚到此游玩，见此翠竹海洋，连连赞叹：“壮哉，竹波万里，峨眉姐妹耳!”随即在黄伞石上书“万岭箐”三字，这三字即是蜀南竹海的原名了。竹海之美更是随着《卧虎藏龙》里在竹林中打斗的壮阔场面而火到了极致，勾起了太多人对这竹林海洋的向往。

此人间不可多得的佳境自然有一大堆诸如“中国最壮观的竹林”“蜀南竹海天下翠”的美称，而宜宾之竹的美不是几个称号就能完全概括的。

竹子是宜宾的特色，宜宾人更是大刀阔斧地将竹子文化发扬光大，他们的智慧和竹子结合而产生了竹工艺文化和竹美食文化。竹雕、竹根雕、竹编等工艺品古朴厚重却充满了生活的情调，而“全竹席”采用不同品种、不同生长期的竹子以及竹子的不同部位和其他材料一起加工、烹饪，食物原本的味道不流失，而其中又飘逸着竹子的清香，只是想想也让人垂涎三尺啊！

兴文石海是宜宾又一独特的风景，这是西南地区典型的喀斯特地貌之一，地表奇峰林立，地下溶洞交错。天泉洞内的石花、石乳、石笋、石柱、石幔、石瀑布、石梯田等洞内沉积物种类繁多，造型妙趣横生，千姿百态，恍惚之间疑是在梦境之中。而天泉洞的得名是因为著名的景观“泻玉流光”的顶部有个奇特的“天窗”，泉水从“天窗”飞泻而下，如银帘高挂，宏伟壮观，故叫做“天泉洞”。

以宜宾的历史可算是个老城了，而当宜宾还年幼的时候便和酒结下了不解的情缘，是酒文化的发祥地之一。20 世纪初，邓子均在自己的糟房酿制出了“杂粮酒”，据说这“杂粮酒”的前身是“重碧酒”，此酒口感好，入口香醇，邓子均叫它“春花酒”，可这又俗气了，哪配得上这般的好酒，于是晚清举人杨惠泉说：“不如取名五粮液，集五粮之精华而酿成玉液琼浆也。”五粮液一路走红，至今已被称作“中国酒业大王”。

威海：沧海巨龙，隔海相望

威海市是山东省下辖的一个地级市，位于胶东半岛最东部，北东南三面濒临黄海，北与辽东半岛相对，东及东南与朝鲜半岛和日本列岛隔海相望，西与烟台市接壤。威海市是全国投资硬环境40优城市，也是全国综合经济实力50强城市。1984年成为第一批中国沿海开放城市。1990年被评为中国第一个国家卫生城市。1996年被建设部命名为国家园林城市。1997年10月13日被国家环保部授予国家环境保护模范城市。1999年1月成为第一批中国优秀旅游城市。2003年10月6日成为国内第一个获得联合国人居奖的中国城市。2009年5月7日被评选为国家森林城市。

▲威海成山头风光

成山头，位于山东省荣成市龙须岛镇，其脉绵延入海，也是我国海岸线的最东端。成山头风景区位于胶东半岛荣成成山山脉的最东端，像一条吮吸沧海的巨龙，悍力伸向大海的东方，直超宝岛台湾东越68分。是中国最早看见海上日出的地方，被誉为“太阳启升的地方”。2005年9月19日，在山东旅游行业协会、“齐鲁晚报”和“中国旅游报”举办的“自驾游首选目的地”评选活动中荣获黄金海岸奖。2005年10月，由中国国家地理杂志社主办并与全国多家媒体联合评选“中国最美的地方”活动中，成山头风景名胜区被评为“中国最美丽八大海岸”之一，排名第三，仅次于海南省三亚的亚龙湾、台湾省基隆的野柳。

威海旅游资源丰富，有海岛海岸、城市园林、历史遗迹、民俗风情等十多种类型。拥有国家5A级景区1处，4A级旅游景区8处，3A级旅游景区6处，2A级旅游景区1处，省级旅游度假区4处，游览景点80多处。全市海岸线长近1000千米，沿线海水清澈，松林成片，海鸟翔集，有30多处港湾、168个大小岛屿。市区国际海水浴场、乳山银滩、文登小观金滩都属于中国北方有名的海滩。刘公岛是天然植物王国，被誉为“海上森林公园”。海驴岛有“海鸥王国”之称。胶东半岛有14处温泉，威海就有9处。境内的成山头有“东方好望角”之称。

惠州：岭南名郡，粤东门户

惠州位于广东省东南部，珠江三角洲东北端。惠州市南临南海大亚湾，与深圳、香港毗邻，是中国内陆除深圳外距离香港最近的城市，也是著名侨乡。惠州是广东省的历史文化名城，全国文明城市之一。

惠州旧称惠阳地区（简称惠阳），在古代即有“岭南名郡”、“粤东门户”、“半城山色半城湖”之称，同时惠州是客家人主要的集中居住地，惠州客家人是在东江流域包括客家先民、客家人和客家后裔生活的族群，是客家民系中的一个地域群体。

惠州的自然资源尤其是旅游资源非常丰富。全市具有旅游开发潜力的景点有900多处，属景点高密度分布区，并具有资源多样性的特点，集山、江、湖、海、泉、瀑、林、洞、岛为一体，融自然景观与人文景观于一身，其中被列入国家级、省级风景名胜及自然保护区的有6处。

玉塔指泗州塔，始建于唐末，当年苏东坡寓居惠州时对此塔情有独钟，称之为“大圣塔”，并在其著名的《江月》诗中对湖光塔影有精彩的描绘：“一更山吐月，玉塔卧微澜，正似西湖上，涌金门外看”。塔身八面，外观为七层，然而内观却有十四层楼梯，而当明月东升的时候，微微的风轻轻吹散水波，塔影横卧其间，若有若无，遂成就一幅难描难画的微澜玉塔图。陈运和称“淡妆的五湖六桥十景与杭州西湖的浓妆相比，各有特色”。

在平湖的西南，是平湖中最大的一个洲渚。这个绿色的宝岛，被碧波荡漾的平湖包围着，并由一条美丽的彩带——九曲桥将它与孤山连接起来。跨进古色古香的拱门，穿过假山和花草簇拥的小道，便来到了九曲桥头。桥身共有九曲，似蛟龙贴水，游人走在桥上，如同在湖面遨游。桥上，还建有两个格调雅致的凉亭，让游人歇脚小憩。

美丽的巽寮湾是粤东数百千米中海水最洁净的海湾之一，向来以“水奇清、沙奇白、石奇美”而著称。这里的海水蔚蓝洁净，清澈见底，甚至站在海边的岩石上，都可以看到奇幻的海底世界。据当地的渔民说，这海边近百米内水深不过1.5米，堪称天然的海滨浴场。

南宁：满城皆绿，四季常青

南宁，广西壮族自治区首府，广西第一大城市，北部湾经济区核心城市，位于广西中部偏南，是红豆的故乡，也是一座历史悠久的边陲古城，具有深厚的文化积淀。

南宁古称邕州，别称绿城、凤凰城、五象城。是一个以壮族为主的多民族和睦相处的现代化城市。居住着壮、汉、苗、瑶等36个少数民族。得天独厚的自然条件，令南宁满城皆绿，四季常青，长久以来南宁形成了“青山环城、碧水绕城、绿树融城”的城市风格。

南宁是民族欢乐、活力、动感的文化之城。各族人民和睦相处、文化交流，民族文化缤纷灿烂，民俗活动多姿多彩。每年一届的南宁国际民歌艺术节吸引世界各国众多的艺术家、表演团体和商贾名流参加。壮乡人民以歌会友、以歌传情，充分展示歌的海洋，舞的故乡的无限魅力。

南宁旅游资源丰富，北连桂林，南接钦州和北海，构成了广西的黄金旅游带。壮丽的边关风采，浪漫的海滩风貌，迷人的异国情调，星罗棋布的灵山秀水，古朴悠远的古迹故址，山、水、人、情构成南宁多层次的旅游景观。

早在宋代，当时的文人墨客就评出了古“邕州八景”（望仙怀古、青山松涛、象岭烟岚、罗峰晓霞、马退远眺、弘仁晚钟、邕江春泛、花洲夜月）。随着历史的变迁、城市的建设发展，古八景中的许多景观已成记忆中的往事。

南宁有大小公园、游园、风景区、广场等自然景观和人文景观50多处；有国家级文物保护单位1处（顶蛳山贝丘遗址），自治区级文物保护单位 16 处，市、县级文物保护单位 116 处。

南宁市市区的绿化树大量选种果树，“果树上街”是南宁的一大特色。木棉花、紫薇花、紫荆花、凤凰花……可以说南宁市十树九开花，一年四季，每月都有不同的树在开花，加上一年四季开花的市花朱槿花，一年到头都是姹紫嫣红。

芜湖：滨江山水，园林城市

芜湖市，位于安徽省东南部，长江下游南岸。芜湖历史悠久，有文字记载已逾 2500 年，近代为“中国四大米市”之一。因“长江巨埠、皖之中坚”名誉华夏，有“云开看树色，江静听潮声”之美誉。今为安徽省第二大城市，安徽省三大旅游中心城市之一。也是国务院批准的沿江重点开放城市、皖江城市带承接产业转移示范区核心城市、南京都市圈成员城市，合芜蚌自主创新试验区城市。芜湖是一个滨江、山水、园林城市，风景秀丽，是国家级优秀旅游城市。并于 2012 年获“中国十佳宜居城市”和“中国最佳休闲城市”称号。

历史上芜湖的农业、手工业、商业颇为发达。南唐时即“楼台森列”，“烟火万家”。南宋以后，特别是到了元朝，芜湖已是一个相当繁荣的市镇，从明代开始，逐渐成为长江下游地区的重要商埠。浆染等手工业已闻名遐迩，明代宋应星所著《天工开物》中就有“织造尚淞江（上海），浆染尚芜湖”之说，形成号称“芜湖巨店”的大型浆染工场。

芜湖十景有赭塔晴岚、镜湖细柳、赤铸青锋、玩鞭春色、双江塔影、天门烟浪、西山灵石、马仁云壁、陶辛水韵、褐山览胜。

赭山位于芜湖市中心，土石殷红，故名，赭山由大小两个山头构成，面积 47.87 公顷,周长 4.5 千米。清朝胡应翰在《一览亭记》中记述“邑北诸山……则莫如赭阜为雄。山迤北益高，陡其巅则大江在襟带，而遥睇诸山，皆罗列如儿孙。”由于山势较高，风景优美，是登高远眺，俯视江城的境地。宋代以后，赭麓寺庙庵堂林立，酒馆菜社群建，博得历代游人香客的喜爱。“赭塔晴岚”为芜湖十景之首，久负盛名。

丫山风景区位于安徽芜湖市南陵县境内一处具有古老历史和悠久文化的小镇——何湾镇。西接青阳，北靠铜陵，处三县交界之处，历史上曾是西去北上的要道，素有芜湖“金三角”之称。丫山这块灵秀的土地，群山环抱，绿水长青。清清山泉流不断，奇花异草满山岭。风景秀丽，人文炳蔚，越来越被游人喜爱。

马仁山东西绵延20余千米。亿万年来，风雨如刀，雕刻出马仁山梦幻般的奇峰、幽谷和绝壁；亿万年来，岁月似水，洗尽浮华和杂芜，显露出马仁山特有的灵秀、宁静与清逸。“马仁峰”、“鲁迅峰”、“仙人摆渡”、“金鸡报晓”、“十八罗汉朝南海”……似真似幻，争奇斗巧。难怪明代学者潘之恒在游览马仁山后，要惊叹它是遗世独立美女、绝尘凌波的莲花，其峭、其幻、其攒、其散、其翕、其张，是黄山的石笋和苏州的天平山所不可比拟的。

衢州：衢江之畔，四省通衢

衢州位于浙江省西部，钱塘江上游，金华衢州盆地西端，南接福建南平，西连江西上饶、景德镇，北邻安徽黄山，东与省内金华、丽水、杭州三市相交，是闽浙赣皖四省边际中心城市，浙西生态市，国家历史文化名城，国家化学工业基地，也是一座有1800年历史的江南重镇。衢江之畔，素有“四省通衢”之称，也是历代兵家必争重镇。1994年衢州被国务院命名为国家级历史文化名城。2006年衢州入选中国特色魅力城市200强。2012年衢州被评为中国十佳宜居城市。

衢州地处闽、浙、赣、皖交界之处，从雕刻建筑、饮食习惯到地方曲艺、民情风俗均深受周边地域文化的影响。在对吴越文化、徽派文化以及福建的八闽文化和客家文化等诸多文化因素兼容并蓄的基础之上，衢州人民依靠自己的勤劳和智慧，在漫长的历史进程中，形成了有一定特色的衢州地方文化。

衢州历史悠久，人文丰富。古为百越之地，至今还有畲族留居于此。本区域以汉民族为主，衢州本地人基本和大多数汉民族的习俗一样，重要的还是春节、元宵、清明、端午、七夕、中原、中秋、重阳等传统节日。此外衢州人还过立夏、冬至、六月年、麻糍等节日。

衢州境内有传说中的中国围棋发源地——烂柯山；有誉为“南孔圣地”的孔氏南宗家庙；国家风景名胜区江郎山；国家级自然保护区古田山；有誉称为“千古之谜、文化瑰宝”的龙游石窟。

衢州南宗孔氏家庙，孔子家庙“普天下唯二焉”，一在山东曲阜，一在浙江衢州。宋建炎二年（1128），孔子第48代裔孙、衍圣公孔端友奉孔子夫妇楷木像随宋高宗率领部分孔氏族人扈跸南渡后，赐居衢州，后仿曲阜规制重建家庙于衢城菱湖，衢州遂成南孔圣地。孔氏家族遂分为南北两宗，南宗嫡裔至此扎根于衢州，繁衍生息800多年。衢州也就成为孔氏家族的又一圣地，史称“东南阙里”。

龙游石窟是我国古代最高水平的地下人工建筑群之一，也是世界地下空间开发利用的一大奇观。它是中华民族博大精深的体现，集人文、艺术、文化、工程技术于一体，因此，这一偶然发现，也被当地人称之为“世界第九大奇迹”。

宜春：佳丽之地，昌盛之邦

宜春，中国宜居城市、中国优秀旅游城市、全国绿化模范城市、国家卫生城市、国家园林城市、全国第一批生态试点城市之一和国家第一个锂电新能源高新技术产业化基地。宜春市位于江西省西北部，自汉代开始建县，迄今有2200多年的历史，境内以丘陵、山地为主，气候温和，雨量充沛，四季分明，素有“山明水秀，土沃泉甘，其气如春，四时咸宜”之称。宜春文化积淀厚重，历来为“江南佳丽之地，文物昌盛之邦”。唐代大文豪王勃《滕王阁序》中的“物华天宝”、“人杰地灵”，其人、其事、其物均出自宜春。

“明月处处有，宜春月最明”，古人曾在诗中这样写道。位于宜春市境内的明月山，便是这份浓厚的月亮文化的发源地之一。明月山，因山上“有石夜光如月”而得名，竹海、飞瀑、松涛、奇峰等一系列优美的景致，让这座名山“步步拾锦绣，一里不同天”。根据神话史诗记载，明月山为嫦娥的故乡，是当年嫦娥奔月的地方，因此宜春有“月亮之都”“月城”等美称。

宜春文化积淀厚重。历来为“江南佳丽之地，文物昌盛之邦”。宜春自古以来人文荟萃，英才辈出。韩愈在宜春担任刺史时，曾写下“莫以宜春远，江山多胜游”的诗句赞美宜春。

宜春是我国第一批生态试点城市。有国家级森林公园3个，省级森林公园3个，省级风景名胜区1个，省级自然保护区2个。全境森林覆盖率

56%。这里有一望无际的翠山，有一览无遗的净水，有一泻千寻的飞瀑，有一尘不染的空气。山川钟秀，风光旖旎，春光似酒，绿野醉人……

香港：东方之珠，购物天堂

香港，繁华的国际化大都市，是中西方文化交融的地方。香港把华人智慧与西方社会制度优势合二为一，以廉洁的政府、良好的治安、自由的经济体系及完善的法治闻名于世。香港是全球最安全、富裕、繁荣和生活高水平城市之一。香港是国际重要金融、服务业及航运中心，继纽约、伦敦后的世界第三大金融中心。香港为全球最有竞争力的经济体系，经济自由度居世界首位，有“东方之珠”“购物天堂”等美誉。

香港位于中国南海之滨珠江口东侧，北边与广东省深圳经济特区相接，西边与澳门隔海相望。香港是个不断创造奇迹的城市，在上个世纪70年代一跃成为世界级金融中心，经济一直保持着世界上少有的发展速度。国际化市场规则的通行，以及中国传统和西方文明的融合，在香港都发挥得恰到好处，这让香港保持着强大竞争优势的同时，也造就了丰富多彩的国际大都会文化。香港是最早实施自由经济体系的地区，建立了最完备的法律体制，以保障香港营商环境的便利，从而进行自由的贸易和公平开放的竞争，由此吸引了大批外国金融机构进驻香港，给香港金融业注入了持续的活力。香港现已形成包括银行体系、外汇市场、货币市场、证券市场、保险业以及投资管理等高度发达的金融运作系统和一套成熟的金融监管机制，这些机制保障了香港金融市场在高效透明的监管下运作，并让香港的国际金融中心地位日益巩固，成为拥有外资银行数量和外汇储备量都居世界前列的亚太国际贸易、金融中心。

香港跟中国内地血脉相连。今天的香港跟中国内地产生着越来越多的互动，既有经济的、也有文化的和生活的。在经济方面，香港与中国内地有着天然的联系。香港大部分制造业已转入内地发展，服务业则为两地间的投资和贸易活动提供各项服务。大量的内地企业来香港上市筹资，促进了香港金融证券业的发展。香港也充当了内地引进资金、技术、管理的重要对外窗口和中介。在文化方面，弹丸之地的香港，诞生了众多娱乐明星，他们创造了世界上最精彩的娱乐文化，导演着世界级的影音盛事；香

▲香港风景

港的时尚、前卫和国际流行，通过他们迅速向中国内地传播，又与内地的传统文化互相渗透，形成让国际追捧的中国流行文化元素。

作为前沿的消费文化，香港的购物也是值得向国外游客推荐的。因为香港是自由港，商品来自世界各地，大部分物品不收关税，所以香港的货品不论是种类还是服务，都居世界前茅，而且价格便宜。香港岛和九龙两个地段，通常被视为购物的“天堂”。游客一边购物，一边穿行在洁净的街道和商店之间，欣赏城市的美丽景观。那些高大的建筑，融合了欧洲特色的经典，内饰却充满了强烈的中国色彩。

在香港岛繁华的大街上，还有古老的有轨电车。香港的有轨电车是1903 年开行的，一直到今天还走着相同的路线。伴着叮当作响的车铃，电车每天载着购物的市民和游客，沿着轨道不紧不慢地从坚尼地城至筲箕湾、跑马地，穿越了上环、中环、湾仔、铜锣湾等港岛最为繁华的闹市，深入到港岛的每一个角落。有轨电车这种香港最悠闲的交通工具，车厢一律是古旧的，老式的方向盘、门窗、坐椅、楼梯都是木质的，暗红的油漆早已褪尽，却依然结实干净。另外，在维多利亚港内缓缓穿梭的天星小轮，是从 1898 年起就每天往返于港岛和九龙之间的轮渡，现在每天还开行

400 多班。坚固的甲板、木制的坐椅都透出一股历史的气息，让穿行在港岛的乘客真实地体验到这个城市亦中亦西的文化味道。这就是香港，它是古老而怀旧的，也是时尚而前卫的。

澳门：南海之滨，博彩闻名

从小渔村发展起来的澳门，城市面积中有一半是填海所得。这个位于中国南海之滨珠江口西侧的城市，是世界上人口最稠密的地区之一。它由澳门半岛、仔岛和路环岛三部分组成，距离香港仅 60 千米。在人们的印象中，澳门是一个以娱乐博彩业闻名天下的城市，是“东方的蒙特卡罗”。除此之外，澳门历史文化和城市建筑的魅力，如今看来似乎更为有趣。

在中国所有的城市中，澳门是中西文化交融时间最长的一座。自 16 世纪被葡萄牙占领，到 1999 年 12 月 20 日回归中国，澳门在 400 多年的时间内，经历了中西文化的不断碰撞、交流和融合，积淀出了丰富的历史文化遗产。今天澳门众多的名胜古迹、中外建筑、街区小巷，都是 400 年风雨的见证。

▲澳门大三巴牌坊

已经有 500 年历史的妈阁庙（原称妈祖庙），是澳门最古老的庙宇，也是澳门的标志之一。妈祖是传说中为渔民和商人消灾解难的海神，妈阁庙是供奉海神妈祖的庙宇。妈阁庙坐落在澳门半岛的东南面，建筑是沿岸修建的，背山面海。这里汇聚了鲜活生动的中国民俗，每年春节和农历三月二十三日妈祖诞辰期间，妈阁庙内香火鼎盛，前来祀拜祈福的善男信女络绎不绝，展现了一幅充满奇趣的澳门风俗画卷。1998 年 10 月，澳门在城市的最高点、路环岛的叠石塘山顶又竖起了一座全世界最高的妈祖雕像，原本人迹罕至的路环岗顶，很快就变得车水马龙，人声鼎沸。这尊高达 19.99 米的妈祖雕像，由 120 块汉白玉石镶嵌而成，其中妈祖脸部由一块完整的汉白玉石雕刻而成，容颜慈祥温和。雕像远眺澳门海面，全身晶莹洁白，游人无论从海面还是陆地，都能很清晰地看到她。

澳门的建筑千姿百态，中式大院与西式洋楼、明清古庙和欧式教堂混合在一起，或古朴，或典雅，或华丽，每幢建筑都别具情调。置身其中，仿佛是进入了建筑文化艺术的长廊。作为历史上的宗教文化中心，澳门既有儒、释、道等古老的中国宗教，也有后传入的天主教、基督教、伊斯兰教等宗教，各宗教独立发展，又相互包容。这种文化上的多元性在建筑方面也得到了体现，著名的大三巴牌坊，就是融合了东西方文化的建筑精华。

大三巴牌坊位于大三巴斜港，是圣保禄教堂前壁的遗迹，由于它类似中国传统的牌坊，因而得名。大三巴牌坊已有 350 多年历史，牌坊分为上下四层，顶部为三角楣，上面既有四位耶稣会圣人全身塑像，又有身着白袍的修士石刻围绕，极富宗教色彩。位于大三巴牌坊不远处的圣保禄炮台，是 300 多年前为防海盗、保护传教士及居民安全而建造的，是澳门最大的炮台，可惜的是其部分建筑在 1835 年与圣保禄教堂一同遭火焚。这个曾经的军事禁地，后来被辟为旅游景点。

澳门的面积不大，却拥有不少美丽的公园，既有完全欧陆风格的花园，也有中国传统特色的园林，中西文化交融的影子随处可见。此外，澳门还拥有洁净的天然海滨浴场，位于路环岛，海湾呈半月形，沙滩宽约 1 千米，滩面由均匀、幼滑的细沙组成，沙色黝黑，故有“黑沙滩”之称。这个由特定海洋环境形成的沙滩，成了澳门一处神秘的自然景观。

澳门是一个适宜徒步游览的城市。地方虽小，却充满了万花筒般丰富的诱惑，游客不用担心因此迷路，因为即便无意中脱离了原来的游览路线，也会很快发现其他的美景。

台北：传统文化，天然美景

台北是一个发展迅速的国际都会。四五百年以前，这里还是一片沼泽密林。明朝的郑成功驱逐荷兰殖民者后，派兵到这一带开荒。1875 年，中国清代的钦差大臣在此建立台北府，统领台湾政务，这里从此有了台北之名。中华文化在这个城市的积淀和它自身对先进文化的吸蓄能力，成就了台北的盛名。

台北拥有规划合理的棋盘式道路系统、交错耸立的高楼以及成片的公园绿带，城市的生态和环保意识也很强。民众的生活方式及态度，都保持着健康的形态。台北是一个适合居住的生态城市，自然山系景致和名胜古刹交织出丰富的人文景观。北边的阳明山公园是台湾最具自然风味的公园，称得上大台北的生态后花园，四季风情韵致各有不同。阳明山上分布着很多火山遗迹，地热和温泉远近驰名。因为地质原因，阳明山的生物种群也很丰富，每年 5 月到 8 月间，成百上千只绚丽斑斓的蝴蝶，在溪流山涧和花丛中起舞。游人可以沿着登山步道，边走边欣赏蝶群飞舞的美景。说到登山步道，这也是台北特有的。通常是在山林环绕的自然景观中，设立木制的道路，方便市民及游客健身休闲。在台北市南区的木栅山区，如今已开发了 20 条亲子登山步道。步道与公园在城市间连缀，都市与自然的接壤十分紧密。通常走几分钟车程，就能享受到自然的幽美。

阳明山除了天然美景外，还有中山楼、林语堂故居等人文景观。中山楼是为纪念孙中山先生百年诞辰而建，里面的精品文物价值连城，其中四幅绘有四季美景的景德镇瓷画，堪称绝品。而坐落在半山腰的文学大师林语堂故居，是洋溢着浪漫西班牙风情的庭园，建筑十分幽雅。故居中保留的林语堂当年使用的物品，也完整质朴，很值得品味。

此外，居于台湾岛内文化龙头地位的台北，也拥有为数可观的博物馆、美术馆、纪念馆、庙宇、古迹等。

位于台北外双溪的台北故宫博物院是岛内首屈一指的艺术宝库，也是收藏中国传统文化的地方，始建于 1962 年。其建筑设计吸收了中国传统的宫殿建筑形式，淡蓝色的琉璃瓦屋顶覆盖着米黄色墙壁，洁白的汉白石栏杆环绕在青石基台之上，风格清丽典雅。博物院里面藏品之丰富也是举世公认。

传统文化对台北的生活有着很深的影响。位于台北市大稻埕的迪化街，已经有 150 年历史，是台北现存最完整也最具历史意义的老街，百年前的布局几乎没有改变。迪化街上的霞海城隍庙，以规模盛大的迎神赛会和众多的信徒闻名全岛。这些地方都是了解老台北民风民俗的绝佳途径。